5 CONSIGLI PER INIZIARE

1) COME RISOLVERE LE PAROLE INTRECCIATTE

I puzzle hanno un formato classico:

- Le parole sono nascoste senza spazi o trattini,...
- Orientamento: Le parole possono essere scritte in avanti, indietro, verso l'alto, verso il basso o in diagonale (possono essere invertite).
- Le parole possono sovrapporsi o intersecarsi.

2) APPRENDIMENTO ATTIVO

Accanto ad ogni parola c'è uno spazio per scrivere la traduzione. Per incoraggiare l'apprendimento attivo, un **DIZIONARIO** alla fine di questa edizione vi permetterà di controllare e ampliare le vostre conoscenze. Cerca e scrivi le traduzioni, trovale nel puzzle e aggiungile al tuo vocabolario!

3) SEGNARE LE PAROLE

Puoi inventare il tuo sistema di segni. Forse ne usi già uno? Per esempio, puoi segnare le parole difficili da trovare con una croce, le parole preferite con una stella, le parole nuove con un triangolo, le parole rare con un diamante, e così via.

4) STRUTTURARE L'APPRENDIMENTO

Questa edizione offre un **TACCUINO** alla fine del libro. In vacanza, in viaggio o a casa, puoi organizzare facilmente le tue nuove conoscenze senza bisogno di un secondo quaderno!

5) AVETE FINITO TUTTE LE GRIGLIE?

Nelle ultime pagine di questo libro, nella sezione della **SFIDA FINALE**, troverete un gioco gratuito!

Facile e veloce! Dai un'occhiata alla nostra collezione di libri di attività per il tuo prossimo momento di divertimento e **apprendimento,** a portata di clic!

Trova la tua prossima sfida su:

BestActivityBooks.com/MioProssimoLibro

Ai vostri posti, pronti...Via!

Sapevi che ci sono circa 7.000 lingue diverse nel mondo? Le parole sono preziose.

Amiamo le lingue e abbiamo lavorato duramente per creare libri di altissima qualità. I nostri ingredienti?

Una selezione di argomenti adatti all'apprendimento, tre buone porzioni di intrattenimento, una cucchiaiata di parole difficili e una spolverata di parole rare. Li serviamo con amore e entusiasmo in modo che tu possa risolvere i migliori giochi di parole e divertirti imparando!

La vostra opinione è essenziale. Puoi partecipare attivamente al successo di questo libro lasciandoci un commento. Ci piacerebbe sapere cosa ti è piaciuto di più di questa edizione.

Ecco un link veloce alla pagina dell'ordine:

BestBooksActivity.com/Recensione50

Grazie per il vostro aiuto e buon divertimento!

Tutta la squadra

1 - Scacchi

```
F  J  A  Q  A  C  F  I  H  L  A  O  R  V  J  V
O  V  F  J  D  L  E  A  H  N  R  L  K  L  A  V
R  N  J  T  V  X  R  R  Q  Z  T  K  B  M  V  L
T  V  K  F  E  N  E  Z  T  I  Z  P  Z  U  I  U
I  T  A  K  R  G  C  U  S  A  D  W  L  R  S  D
S  H  D  W  S  F  S  H  J  D  M  R  M  G  S  I
S  E  Z  A  A  N  I  G  E  R  U  E  K  I  A  O
I  D  O  O  R  C  D  S  C  J  I  T  N  N  P  L
M  N  Y  O  I  L  I  S  N  O  C  E  P  O  C  U
U  U  W  N  U  I  K  U  K  C  I  M  U  W  V  D
S  P  D  J  S  H  D  P  D  V  F  A  N  F  O  I
W  F  K  U  X  A  U  M  E  P  I  I  C  F  H  U
D  L  I  Q  L  P  N  E  L  P  R  D  T  Z  N  S
L  S  Y  L  N  E  U  T  X  T  C  K  A  K  R  M
M  J  Y  G  A  T  P  E  C  E  A  R  P  L  E  M
A  H  C  G  F  O  U  K  P  F  S  E  C  L  X  C
```

ADVERSARIUS
ALBUS
FORTISSIMUS
CERTAMEN
DIAMETER
LUDIO LUDIUS
LUDUM
NIGRUM
PASSIVA

DISCERE
PUNCTA
REX
REGINA
PRAECEPTA
SACRIFICIUM
CONSILIO
TEMPUS

2 - Salute e Benessere #2

```
X Z A M O I T A R E P U C E R G
G T W W C L N C E A W T D H N E
K B N S S O Q F D I E T T Y I N
E J Q Q M T N Q E J R O A G F E
S E W U V A Z C A C Q D H I Y T
S M C F Z P J M O Y T O W E C I
I U C Y J U N D C J I G N O C
D L S T J Y R R U O T A O E R S
N U T R I T I O N E M I C M P U
E B R S M A D Q Z K Y M O N U N
P I D F U O M A T B N O C N S A
S T Z X K N R O I E M T C O E S
U S U D N O P B D Q A A N R U M
S E I R O L A C I Q E N P Y Q C
M V A P P E T I T U S A I P S P
S A N G U I N E M O L B Q Q J F
```

URNA
ANATOMIA
APPETITUS
CALORIE
CORPUS
DIET
CONCOCTIONEM
VESTIBULUM
GENETICS

HYGIENE
INFECTIO
MORBI
SUSPENDISSE
NUTRITIONEM
PONDUS
RECUPERATIO
SANGUINEM
SANUS

3 - Aggettivi #2

```
U C T M U C C I S R T W Z F D E
N C R W H O C R L S A L S A U L
W H A Z P M D M E L B A U N I E
M S G Y F M S U N A S F R L S G
Z I I V R O U V L E T U U J H A
Q C C L C D L O G C E R P U R N
G D U I U O W N P G I V I W K S
T F S M L T F V R M S Q X Z Q
X C Z R U Z R V B N O B I L I S
X C Q V R R U N A T U R A L I S
F O R T I S C I P S I V X N J X
V G M E V I T P I R C S E D X O
N E H M M W U S U P E R B U S X
R Y R A B T O U V C G A S F A T
V A F A P E S E T N E I R U S E
A R A S M E A W L M Y V X L L H
```

ESURIENTES	COMMODO
SICCUM	NATURALIS
VERAM	DUIS
CREATRIX	NOVUM
DESCRIPTIVE	SUPERBUS
DULCIS	FRUCTUOSA
TRAGICUS	PURUS
ELEGANS	AMET
NOBILIS	SALSA
FORTIS	SANUS

4 - Pesca

```
E F A S W S A U Q A V N R Z P F
F I L U M S E U Q O C A E V H L
S Q P M U U W Y G A P V E J Q U
A V J U N D L E D E I I S V E M
I R D R A N H K S N N W C R C E
H A M O E O N A I U Z D A B X N
C E P P C P N I P D H T O Y I C
N M O M O A K T Z P Q J M T A W
A A B E W Y A N R L A B D Q J K
R X M T M B W E C Z F R E O G S
B I S E H N H I O X Z L A A D O
A L C A N I S T R U M A C T C H
A L A J H U O A L Y N C C U U H
V A F R Q Y B P C S U U X Q N U
P G C U G I V G E Y B S Y S P E
Z E E F L W Q K Y T C F I F D V
```

AQUA

APPARATU

NAVI

BRANCHIAS

CANISTRUM

COQUES

AUGENDO

ESCA

FILUM

FLUMEN

HAMO

LACUS

MAXILLA

OCEANUM

PATIENTIA

PONDUS

BEACH

TEMPORUM

5 - Ingegneria

```
R S L J D C X Q V V C V H D P J
C A L C U L U S S Q E I A I E F
J H F G G U Z S U L U G N A L O
D I S T R I B U T I O A W M L R
W U Z Z X D E M N U R X H A E T
V E S T I B U L U M R I N U N I
L N F Q N D I U Q I L S W Q T T
K M U D N U F O R P T D Q I E U
K S U T A R A P P A K C K L S D
C O N S T R U C T I O N E A Q O
D I A G R A M W D M F X H V U G
Q N D T J S Q V L T O T U B E H
Y J K D A R U T C U R T S C Z Y
S T A B I L I T A T E M O K F N
P R O P E L L E N T E M S R E J
E C S Q D W Y D A V L H O I A V
```

ANGULUS

ANNI

AXIS

VECTIUM

CALCULUS

LIQUID

CONSTRUCTIONE

APPARATUS

DIAGRAM

ALIQUAM

DIAM

MOTOR

PELLENTESQUE

PROFUNDUM

DISTRIBUTIO

PROPELLENTEM

VESTIBULUM

STABILITATEM

FORTITUDO

STRUCTURA

6 - Archeologia

```
I G N O T U M A N T I Q U A R J
I J Z X S I T A T I U Q I T N A
O B I E C T A N D I Z D S T A P
V X L Q Y X L N B U G O V M C E
P U I P G T O I S S E C C U S R
X R I U Q G Q S T H Z Q L H Z I
U O O U Q U K H E M U L P M E T
R F B F A N A L Y S I S K U Y U
E O J L E B R W S K Q T Z I U S
L S W D I S I L J S C Q A R X M
I S E C O T S O O S O J E E O Z
Q I P C R L U O H Y R Q U T S V
U L P U Q J O S R Q F U J S S O
I E K P H W H R C U L T U Y A D
A I N Q U I S I T O R E M M L D
M O N U M E N T U M F G T B C B
```

ANALYSIS
ANNIS
ANTIQUITATIS
ANTIQUA
CULTU
OBLITUS
SUCCESSIO
PERITUS
FOSSILE
MYSTERIUM

OBIECTA
OSSA
PROFESSOR
RELIQUIA
INQUISITOREM
IGNOTUM
DOLOR
TEMPLUM
MONUMENTUM

7 - Salute e Benessere #1

```
D N O S I H M E D I C I N A C V
F Y V U T Y A I R E T C A B U V
U O P C B A E B W O I W D S T D
S U R I V S R C I U Q T A O I X
X P T D K W U F L T M V V H S I
R G Q E N F F O O D U T I T L A
H O R M O N E S S V X S T Y V C
F M T V S E G Z T O E I C G W O
N R U B B Y L J A M L V A D F N
R C A S W B K U T U F R A Y M S
J X B C C M T S U N E E R T Q E
E G E T T U J T R J R N L E P Q
F A M E S U L O A V V B A M U U
Q N C R A Y R I M K Z Y H S O A
C U R A T I O A H R I N J D E T
M U X G P Q D W D R C J U K H K
```

HABITUS	MUSCULI
ALTITUDO	NERVIS
ACTIVA	HORMONES
BACTERIA	CUTIS
EGET	STATURAM
FAMES	REFLEXUM
ATQUI	CONSEQUAT
FRACTURA	JUSTO
MEDICINA	CURATIO
MEDICUS	VIRUS

8 - Aggettivi #1

```
I E Q G T W O B S S P P I D E M
M N F E R Z I R H P J J H B M K
A A G S M A S O I T I B M A J T
X R N E B O V P E R F E C T U M
I O S N N V D I R S C W I B I X
M M L E U S K E S I W V T F D L
U A Z V C I R J R U L E O J S I
S T L U V T R U J N V O X A X B
T I M I T R T X Y E J C E T L E
J C G S J A P R E T I O S U M R
X U X G T A R D U S O A H L V A
T M X A M E T A C T I V A O D L
X D P W E A A G T C G P M S L I
F G C T D M A G N A S S D B N S
B K M P I J V E F R P V E A X E
D R Z J C Q X P K E N P B G Z E
```

AMBITIOSA
AROMATICUM
ARTIS
ABSOLUTA
ACTIVA
INGENS
EXOTIC
LIBERALIS
IUVENES
MAGNA

IDEM
MAXIMUS
TARDUS
DIU
MODERN
AMET
PERFECTUM
GRAVIS
PRETIOSUM
TENUIS

9 - Geologia

```
C  S  S  H  C  Z  B  X  E  A  C  R  F  L  C  I
O  N  A  C  L  O  V  Y  G  T  J  F  G  S  R  T
N  S  S  C  A  L  C  I  U  M  A  M  E  T  Y  D
T  J  P  D  C  X  P  X  T  Z  Z  R  Y  A  S  Q
I  M  E  T  I  T  C  A  L  A  T  S  S  L  T  E
N  Z  C  C  O  R  A  L  K  B  R  H  E  A  A  B
E  A  U  S  T  O  N  E  M  Y  A  A  R  G  L  S
N  K  S  S  J  X  N  M  N  O  U  L  N  M  S  P
S  I  O  M  U  D  I  C  A  F  Q  J  S  I  H  L
V  A  X  S  U  T  O  M  E  A  R  R  E  T  R  A
W  L  D  D  X  C  G  G  U  I  N  M  X  E  F  T
I  M  Y  K  Q  R  C  M  O  M  W  V  E  S  J  E
D  O  U  T  H  L  B  A  B  G  L  K  S  C  M  A
F  O  S  S  I  L  E  K  L  A  F  A  A  X  W  U
M  I  N  E  R  A  L  I  B  U  S  C  V  Y  C  E
C  U  Z  D  B  H  K  K  Y  A  G  Q  A  A  G  T
```

ACIDUM	LAVA
PLATEAU	MINERALIBUS
CALCIUM	STONE
SPECUS	QUARTZ
CONTINENS	SAL
CORAL	STALAGMITES
CRYSTALS	STALACTITE
EXESA	ACCUMSAN
FOSSILE	TERRAEMOTUS
GEYSER	VOLCANO

10 - Campeggio

```
J U L X B J H C F S B A J M A Y
C A M E R A M H B I W P A M R X
W C R D M Q L X A R P P I U B M
Y I M U E A T G Z T A A L C O B
I B F Q T E S U C A L R A H R G
R N N V N A I O R H T A M I E O
T V S R O I N O P D S T I M S T
O V F E M B G B B W B U N T H S
C T M T C S I C A S U S A L A V
P J J N L T F U N E M I H S M D
A R F I A W F F P S D U L I M E
K O B L B P K W R U M Y U L O C
T A B E R N A C U L U M N V C I
T C B H J P A V M C W B A A K M
K G Y B V E N A T I O N E X T A
W D Z U K Q C P W A R Y C K T I
```

ARBORES
HAMMOCK
ANIMALIA
APPARATU
CASUS
DECIMA
CAMERAM
VENATIONE
LINTER
HAT

FUNEM
SILVA
IGNIS
INSECT
LACUS
LUNA
MAP
MONTEM
NATURA
TABERNACULUM

11 - Arti Visive

```
G  O  P  H  M  P  G  E  K  O  M  V  R  P  A  I
T  R  T  H  K  H  X  F  N  E  P  F  B  R  R  A
A  R  A  I  O  A  R  T  I  F  E  X  C  O  C  N
B  N  T  P  U  T  B  M  M  U  T  U  L  S  H  N
G  E  E  L  H  M  O  V  U  D  R  D  Q  P  I  B
C  T  R  H  F  I  O  G  I  K  O  U  H  E  T  L
R  I  C  O  T  K  U  G  R  L  N  I  P  C  E  E
L  D  Y  Y  B  K  L  M  A  A  F  S  A  T  C  P
C  A  R  B  O  N  E  S  S  R  P  B  L  U  T  M
N  B  L  I  C  N  E  T  S  U  S  H  M  M  U  D
E  F  F  I  G  I  E  S  O  T  V  D  A  H  R  Q
P  E  S  F  K  J  Z  H  L  C  O  G  R  S  A  E
Z  B  Z  L  R  Z  O  F  G  I  C  O  I  E  X  P
M  T  H  T  D  A  D  P  P  P  E  O  U  J  Z  O
C  O  M  P  O  S  I  T  I  O  R  U  S  K  V  W
U  G  A  T  U  D  Z  M  U  Z  A  G  U  B  L  M
```

ARCHITECTURA	DUIS
LUTUM	PHOTOGRAPH
ARTIFEX	CRETA
PALMARIUS	GRAPHIUM
CARBONES	PEN
OTIUM	PICTURA
CERA	PROSPECTUM
COMPOSITIO	EFFIGIES
GLOSSARIUM	STENCIL

12 - Tempo

```
A J D E S N E M F L F T S X F M
I R E H O R A O U W F J A E W C
R H C L R I F X T Q Q X Z G L A
N O E N A M Y R U T N E C N X L
H R N Y G L A G R E P I E O H E
U O N N X S S V U F G D R C Y N
E L I P A T I I M A V O F T Q D
E O U C L S F X A M N H U E M A
P G M J H A H Y J B M T S O P R
S I T U N I M G U A W N E M N C
L U S E P T I M A N A M I X U K
O M J A D H A S V A S J D O U C
N H E C I O R M E R R L I I Y J
H Q B A E Q J Y V G Z A R Y V C
E N G J H E Z W B S O P E T L W
K A N N U A B L T E R L M U J U
```

ANNO
ANNUA
CALENDAR
DECENNIUM
POST
FUTURUM
DIE
HERI
MANE
MENSE

MERIDIES
MINUTIS
NOCTE
HODIE
HORA
HOROLOGIUM
MOX
ANTE
CENTURY
SEPTIMANA

13 - Astronomia

```
F X D Z Z T C O S M O S R U Y C
J W Y D A T E N A L P T F D T Y
N D L L N I A R U N I V E R S I
J L Q Y U O P Z R N N K Z D E O
T Z X Z L L M R R A C U R E H B
G E O B S E R V A T O R I U M O
R A L Q L J M W D B C D K D T V
A S M E D I O R E T S A P G B D
V T Y S S D P W N O R O E T E M
I R N I I C L S Y Y K D Z L Y Y
T O E D A V O N R E P U S B U H
A N B U D D S P Y K G H F Y H M
T A U S Y X T S I L A I D A R L
I U L R N P X E Q U Y X C H C Z
S T A I X A L A G H M E Z B K B
A E Q U I N O C T I U M F V I Z
```

ASTEROIDEM
ASTRONAUT
CAELUM
COSMOS
SIDUS
AEQUINOCTIUM
GALAXIA
GRAVITATIS
LUNA
METEORON

NEBULA
OBSERVATORIUM
PLANETA
RADIALIS
ERUCA
SUPERNOVA
TELESCOPIUM
TERRA
UNIVERSI

14 - Algebra

```
F  I  F  I  K  L  V  F  Y  Q  M  B  P  N  B  D
S  R  A  W  A  R  R  O  T  C  A  F  N  Q  T  I
S  U  A  E  Q  S  U  R  E  M  U  N  R  T  V  A
T  Y  B  C  Y  K  O  M  C  K  Q  G  K  L  D  G
M  B  A  T  T  P  Q  U  Z  V  I  L  O  T  F  R
D  K  A  Z  R  I  D  L  S  O  L  U  T  I  O  A
T  I  U  R  W  A  O  A  H  M  A  T  R  I  X  M
N  D  V  A  W  O  C  F  A  L  S  U  M  E  I  A
U  X  S  I  S  E  H  T  N  E  R  A  P  X  N  E
L  Z  T  G  S  U  B  O  I  M  V  H  Y  P  F  Q
L  K  Q  G  P  I  M  A  W  O  W  G  L  O  I  U
A  R  Y  K  K  W  O  I  M  Q  N  F  A  N  N  A
V  A  R  I  A  B  I  L  I  S  E  X  F  E  I  T
L  I  N  E  A  R  I  B  U  S  B  Q  Y  N  T  I
Q  U  A  E  S  T  I  O  T  F  N  W  H  T  A  O
Z  D  C  Y  N  Y  Q  G  H  K  T  M  Y  P  T  H
```

DIAGRAM	MATRIX
DIVISIO	NUMERUS
AEQUATIO	PARENTHESIS
EXPONENT	QUAESTIO
FALSUM	ALIQUAM
FACTOR	SOLUTIO
FORMULA	SUBTRACTION
FRACTIO	VARIABILIS
INFINITA	NULLA
LINEARIBUS	

15 - Mitologia

```
A T R I U M P H A N T E S L M B
T R U G L U F L U O E A U E O E
I L C L T E E U R S X H L G N L
Z W U H L F X K T Z X E E E S L
V W C D E Y P D I Z T P Z N T A
U S A W L T J V N P D T W D R T
Q E M X M Y Y L O H Y G K W U O
F N H O E M A P T M O S B S M R
X O B A R U T L U C P T R W Z Z
S I R N I I R T Y M U L E A C F
K N J T S G B C R E A T U R A O
R I H K I W E U O T O K W Y Q U
X P E L D T O S S O R E H V T W
E O U Q A S U H T N I R Y B A L
S P V M L N D D N U G C U X I X
O W O B C E C L O M O R T A L E
```

ARCHETYPUM   ZELUS
MORIBUS   BELLATOR
CREATURA   LABYRINTHUS
OPINIONES   LEGEND
CULTURA   MORTALE
CLADIS   MONSTRUM
HEROS   CAELUM
FORTITUDO   TRIUMPHANTES
FULGUR   TONITRUA

16 - Piante

```
N X U O E Q E D D R Z M I H J M
E U D D W H M R N Q D I U E A U
D W P Z X H C P O I V F J D P S
H O R T U S U T C A C X W E N C
V R H G B F D R I E P X O R N U
I B S E R E C S E R C G O A S S
R E U A R K Q A G V O X M X B F
E L B H Y B F L O S T B U I O S
N G F F H U A L L D Q O R D T T
T A Q L N V V R V Y T H O A A E
I P U O K P L F P O S N L R N R
A K Y R Z A I B R R F S A S I C
Y W Q A Y H S E L O G U T I C O
B A M B O O Z R W L N A E B A R
M M A Y Q J Y R H U T D P E M A
R R Y V V B O Y X J S H E E Q T
```

ARBOR	STERCORAT
BERRY	FLOS
BAMBOO	FLORA
BOTANICAM	FRONDE
CACTUS	SILVA
BUSH	HORTUS
CRESCERE	MUSCUS
HEDERA	PETALORUM
HERBA	RADIX
BEAN	VIRENTIA

17 - Spezie

```
N Y P Z C D X I A O H T J C U A
U A Y J C C L S K C V L R N X M
T J Y T E A I T I R I U Q I L A
M E R O P A S G R W U D Y O F R
E Z O D Z V Z M P B P T U S A A
G U Y H U M R M A J P U C M E G
Q T K R G L A S P R V J C P N I
A L L I U M C C E P A D P U I N
L G W Y U J W I O T Q D V R C G
L G Y C X P M P S K Q B N U U I
I C R O C U S A F U Y P Q S L B
N T R E C O R I A N D R I Q I E
A Q U J P H P Q J W D J N H Q R
V N C B P I A N E T H U M A P D
U T Y I R E P F T G A M O M U M
I N G E S T N A V S C M W G X V
```

ACIDUM
ALLIUM
AMARA
ANETHUM
AMOMUM
CEPA
CORIANDRI
CURRY
DULCIS
FAENICULI

SAPOREM
LIQUIRITIAE
NUTMEG
PAPRIKA
PIPER
PURUS
SAL
VANILLA
CROCUS
GINGIBER

18 - Numeri

```
Q G O D E C I M A L E S J T Q X
Z U S R J C Q X Q V D Y F W G H
M F A I O W R O U T T A U Q U P
G W Y T I X O D I W Q H Y J N L
Z W H N T X N A N Z T R Y D D R
G F M I M U L P Q U R T B E E A
M W G G I T O J U T E T H C V N
I V U I C B C R E S S V C E I O
C D Z V E K Z G D M D H I M G V
E T R E D E C I M E W U R E I E
D U O D E C I M Q T C V O T N M
N E L H S J C E U P S I K O T V
I Y Y Q J C M C V E W E M C I O
U E P U F A Y E X S F E X T J C
Q N U L L A U D U E J A E O N T
S E P T E M D E C I M S B F A O
```

QUINQUE	QUATTUORDECIM
DECIMALES	QUATTUOR
UNDEVIGINTI	QUINDECIM
SEPTEMDECIM	SEDECIM
DECEM ET OCTO	SEX
DECEM	SEPTEM
DUODECIM	TRES
DUO	TREDECIM
NOVEM	VIGINTI
OCTO	NULLA

19 - Guida

```
T C M G T I P A M E T U L A S V
N A O O G H D C L U N C R C C F
X R T X V Y T C D I D N O S M E
A H O T Q A Z I I K C T S E U X
F U R M Q U E D O F Y E E L L W
P P C Y Z L J E D A V Z N E U N
C B Y P Q D P N R H I F N T B C
A Z C V L E S S G S N G A R I A
U B L P I P E D E S T R E M T A
T D E O T A G A R A G E N A S L
E J B D U M E T A D S T E J E L
I W Z Z G M O T O R G L A K V U
P E R I C U L U M J I T T U D N
K K T L E G T C U N I C U L U M
C E L E R I T A T E Q L V S Z D
U P N Q D K W T I M R K G X L G
```

CAUTE	MOTOR
CAR	PEDESTREM
ESCA	PERICULUM
DUMETA	AT
GARAGE	SALUTEM
VESTIBULUM	VIA
ACCIDENS	AENEAN
LICENTIA	NULLA
MAP	CUNICULUM
MOTORCYCLE	CELERITATE

20 - I Media

```
O H Y T C E D I T I O N Y E W V
D N P G O O D W E C W V H D B U
I P L T T F M N A O J U H U R H
V N N I U Y J M L L I J D C W V
U S S Z N X W U U Z V M S A H J
L I E S Z E J D B N T D S T D A
G L N E X D N V A K I A U I L I
A U I D H A B I T U S C L O I L
T G G I U Q F C I P T I A N U Q
I N A R S S R A D I O L T T I K
O I M E U F T B P L Z B I N I U
N S I M M P F R M E V U G G J O
I B M E P R E O I H O P I J P T
S P K H T X J E U A K J D C Y O
C C I P U Q N E T W O R K R A B
L X W E C S S S E N T E N T I A
```

HABITUS
COMMUNICATIO
DIGITAL
EDITION
EDUCATION
SUMPTU
IMAGINES
EPHEMERIDES
SINGULIS

INDUSTRIA
LOCI
ONLINE
SENTENTIA
TABULAE
PUBLICA
RADIO
NETWORK
DIVULGATIONIS

21 - Forza e Gravità

```
U  X  P  A  D  Y  S  P  H  I  A  L  P  Y  F  S
D  N  C  F  X  C  P  H  W  B  C  E  Q  R  Q  U
G  Z  I  L  Q  I  Y  Y  T  N  I  T  R  A  A  S
V  Z  M  V  S  E  S  S  E  B  N  A  U  Q  G  C
S  V  S  P  E  Q  B  I  M  M  A  T  T  M  J  I
I  S  I  L  T  R  K  C  P  O  H  I  I  U  C  P
O  P  T  A  A  H  S  A  U  T  C  R  B  R  K  I
C  X  E  N  T  F  U  A  S  U  E  E  A  T  H  T
H  Z  N  E  E  N  D  J  L  S  M  L  R  N  O  F
R  J  G  T  I  A  N  F  N  I  L  E  U  E  R  F
W  U  A  A  R  X  O  M  R  F  S  C  C  C  B  F
R  Z  M  R  P  J  P  T  P  W  Y  I  S  U  I  B
W  S  J  U  O  I  T  A  T  A  L  I  D  D  T  Y
X  L  Q  M  R  I  N  V  E  N  T  I  O  N  A  H
J  B  C  Q  P  P  R  O  C  U  L  Y  X  I  V  Q
T  M  S  W  G  H  D  J  J  W  Y  T  V  P  C  H
```

AXIS	ORBITA
CENTRUM	PONDUS
SUSCIPIT	PLANETARUM
PROCUL	CURABITUR
DILATATIO	PROPRIETATES
PHYSICA	INVENTIO
ICTUM	TEMPUS
MAGNETISMI	UNIVERSALIS
MECHANICA	CELERITATE
MOTUS	

22 - Sport

```
L G J O G G I N G F M L S Z G W
S U M U R Y O M T I U S U U K Z
U O D O S S A O X N S Z P B R N
X S U I J Q N D C I C R A Z Y D
R R A I S P W D J S U I T Q Z U
S T T S B H N U S S L E I P H O
S N E D N E T X E Z I N E O X F
A W L F O R T I T U D O N U D M
C Q H R M E N O I T I R T U N A
M E T A L U C A F C V I J H X
U E A C I L O B A T E M A J I I
R Q T X Q L B U K D T K B B V M
O S Q U E L I T G N I L C Y C I
H F Z D L P M T E V A E A K A Z
C U P N R A E D A B K X T M S E
F V H Q K V S U P R O C I Q N S
```

RAEDA

ATHLETA

FACULTATEM

CYCLING

CORPUS

CHORUM

DIET

FORTITUDO

JOGGING

MAXIMIZE

METABOLICAE

MUSCULI

NUTRITIONEM

FINIS

OSSA

ELIT

PATIENTIA

SALUTEM

LUDIS

EXTENDENS

23 - Uccelli

```
I  W  C  P  I  P  I  U  F  P  H  F  E  J  N  T
N  A  C  U  O  T  C  K  C  A  L  L  W  P  F  B
A  C  S  C  C  C  U  N  I  S  N  A  W  S  S  L
Q  C  A  J  B  K  X  Q  C  S  O  M  R  J  T  Q
U  I  Y  A  P  T  O  I  O  E  W  I  U  J  R  P
I  P  Z  S  G  S  Q  O  N  R  B  N  L  L  U  G
L  I  R  L  I  V  I  B  I  X  O  G  C  Y  T  A
A  T  B  S  T  S  I  T  A  N  A  O  K  T  H  V
G  E  Q  I  S  E  B  L  T  O  V  U  M  J  I  M
N  R  Y  L  E  D  C  L  F  A  B  M  U  L  O  C
A  N  S  E  R  E  M  G  R  G  C  H  K  C  N  N
C  O  U  Q  K  A  Z  M  U  L  L  U  P  M  E  W
I  R  F  C  O  L  U  M  B  A  M  J  S  A  M  X
L  E  F  N  P  H  U  N  P  A  L  L  F  U  V  F
E  H  P  F  B  W  K  J  A  K  A  D  L  V  P  O
P  Q  Q  L  U  H  T  N  D  Q  V  B  M  T  J  C
```

HERON	ANSEREM
ANATIS	PSITTACUS
AQUILA	PASSER
CICONIA	PAVO
SWAN	PELICAN
COLUMBA	COLUMBAM
CUCKOO	PULLUM
ACCIPITER	STRUTHIONEM
FLAMINGO	TOUCAN
GULL	OVUM

24 - Giorni e Mesi

```
V L A L I Q U A M K Y H W X D S
W D F I C Z S V L L I E D V E A
A P R I L I S B V Z Z U O P C T
M J U L Y Z C U Q K A J M M E U
J O W Z O Y H G J D O O I A M R
A W N S E P T I M A N A N R B D
N E L D F A B O E Q N N I T E A
U D A Y A J B I Z E A K C I R Y
A N H F Y Y W B U J S T A S S O
R E A S E N O V E M B E R P I M
Y S J P N B S E P T E M B E R U
I D G N U I R A D N E L A C E W
Q A E K J T S U G U A M C Q N Q
O Y T F A J R Z A Q Y F Q H E G
Y G I I S C I N N R K D G O V Q
M E N S E Q D L N N Y I U W C S
```

AUGUST	MONDAY
ANNO	MARTIS
APRILIS	WEDNESDAY
CALENDAR	MENSE
DECEMBER	NOVEMBER
DOMINICA	ALIQUAM
FEBRUARY	SATURDAY
JANUARY	SEPTEMBER
JUNE	SEPTIMANA
JULY	VENERIS

25 - Casa

```
V L K R L H I U W T M S C A T J
E F A E A L E R C F U E L T E U
S A I E Q O U A Z A R P A T C C
T L B N U C L E T O U E V I T E
I M M W E U Y R L S M M E C U F
B N V L A S H A C P I F S A M O
U V G U R U R G Z E S N A V B C
L S K C I T U B H C Z M E B A O
U L G E A R W Q B U O B X G L U
M H C R N O W V I L A Z E K N J
I Q N N C H T B Q U C P F K E W
M W P A D T T U E M U I T S O T
B P J U G A R A G E I D I G B P
E F E N E S T R A L I B R A R Y
R U H X I M P A Y P J Z C T R W
J P I J N D C D K S I A S L P W
```

ATTICA   HORTUS
BALNEO   LUCERNA
LIBRARY   MURUM
LOCUS   AREA
FOCO   OSTIUM
CLAVES   SEPEM
VESTIBULUM   GENISTAE
IMBER   LAQUEARIA
FENESTRA   SPECULUM
GARAGE   TECTUM

26 - Città

```
S T O R E B O O K S T O R E U U
C E Z Y U O X X I C Q P Y B N F
L G F O R U M U I D A T S Z I P
K E A M Q E P S I O D P D M V X
S A J N Z E L E T O H N O A E P
Q P G U M D W L F W E G S I R U
R I P A M T J Z A A L O H C S J
P I S T R I N U M G I E X O I F
F E G L R B L T U U T C E J T W
G L E K P V O H W B X G G V Y L
G X O D C P X E D M A H D J N I
R H X R L Z J A A I U Q T A P B
G Z Z Z I J P T M W N S Q A T R
C Q A G K S W R E Q H W E L X A
F P C U S L T U T S N K X U Y R
T Z V G X V D M G M F Z E U M Y
```

ELIT   STORE
RIPAM   PISTRINUM
LIBRARY   AMET
EGET   SCHOLA
ATQUI   STADIUM
FLORIST   FORUM
GALLERY   THEATRUM
HOTEL   UNIVERSITY
BOOKSTORE   EXO
MUSEUM

27 - Fattoria #1

```
X Q C Y I S O R G A S I N U S X
H A Y F O I T V G R A Q U A Z T
Q K F M H N C E D A E K J B Y R
S E M I N A E C R T I G W O E N
A W U Y J C G I D C S R E S Q B
N G C V S K F R X Q O I B M U A
O E R G S F I L D W X R F G U C
V J I I B Q V I U I H D A G S A
N M H N C X C S I M U L U T I V
G C W K F U Q T Q L A L U W L P
A P I S F G L P B T C A A R E U
T E R R A J E T B B Z O N X F L
S E P E M Y M B U J D V Z A B L
R Y A G N S I O T R V S X F K U
Q A S I M O O Y F P A V W M R M
H Y R F G X P O C N G A B G K L
```

AQUA	FELIS
AGRICULTURA	GREGEM
APIS	MEL
ASINUS	BOS
AGRO	PULLUM
CANIS	SEPEM
HIRCUM	RICE
EQUUS	SEMINA
STERCORAT	TERRA
HAY	VITULUM

28 - Psicologia

```
C E B M P A I T I R E U P X Q E
G O E S E V F T W Y X I O I U K
H T G G R M U F W H F N H R A Q
N S K I V M O R E C S U F C E T
F U D Z T C U R K C C A Y A S N
A J F G J A F O I U T E M Q T E
J M E N O I T A X A T U U W I T
S O M N I A E I C Y W D S Z O Q
Q F V E G I G Z O I T I N G O C
C E R T A M E N Z N H W E D X A
N N T M O R I B U S E P S F U Y
W M X M A I T N E I C S N O C W
K J Q A P P O I N T M E N T N B
E X P E R I T U R E G O T H Y L
Q O O L R P E R C E P T I O V D
S U B C O N S C I O U S P E L N
```

APPOINTMENT	COGITATIONES
FUSCE	PERCEPTIO
COGNITIO	QUAESTIO
MORIBUS	RE
CERTAMEN	MEMORIA
EGO	SENSUM
AFFECTUS	SOMNIA
EXPERITUR	SUBCONSCIOUS
CONSCIENTIAM	JUSTO
PUERITIA	TAXATIONEM

29 - Paesaggi

```
S G B J H Z D M L K P S C B Y V
Z N M E O Q L O D E S E R T O J
F S I S A O W N V O L C A N O X
L L S T Q C D T P D X R L B P F
A L U S N I H E I E D U X X J P
D I C M S Q C M V P Q V Z G M F
K H A L E F A T C A R A T A C D
E R L A B N V P E N I N S U L A
P A L U S C E Q W X G Z I M F F
C F V W U Z N R R T E N L C A F
J X K W W J D E A E Y X L S R X
T U N D R A C I F M S X A G H Q
L V J G O Y H C M K E J V D H W
S Z Y O W L J A C U R L N U L G
H I N O K V V L V B E Z O R G B
O C E A N U M G R E B E C I P G
```

CATARACTA	MARE
HILL	MONTEM
DESERTO	OASIS
FLUMEN	OCEANUM
GEYSER	PALUS
GLACIER	PENINSULA
CAVE	BEACH
ICEBERG	TUNDRA
INSULA	CONVALLIS
LACUS	VOLCANO

30 - Energia

```
Z  I  M  I  R  Q  T  O  G  V  T  L  Z  S  W  N
L  D  W  O  C  T  R  J  X  E  U  H  Y  G  X  G
X  L  P  E  T  A  E  P  A  N  R  O  P  A  V  U
P  U  G  N  A  O  L  B  O  T  B  B  O  P  Q  Z
P  O  J  S  R  O  R  O  B  U  I  A  R  H  J  R
N  O  R  T  C  E  L  E  R  S  N  O  T  O  H  P
R  U  L  N  U  C  L  E  A  R  E  E  N  L  B  O
E  L  I  L  H  Y  C  Z  C  U  O  S  E  N  E  D
N  T  N  H  U  N  G  F  L  X  Z  C  N  Q  S  V
E  R  D  X  J  T  Z  Y  M  V  D  A  I  R  D  E
W  I  U  Q  P  Z  I  X  O  J  K  W  L  P  R  G
A  C  S  T  M  N  B  O  H  K  N  Y  O  R  U  I
B  E  T  C  P  E  L  L  E  N  T  E  S  Q  U  E
L  S  R  K  Z  E  U  Z  Q  L  W  W  A  F  A  J
E  Y  I  H  X  V  N  O  A  S  W  C  G  V  U  D
O  Y  A  E  N  V  I  R  O  N  M  E  N  T  C  I
```

ENVIRONMENT	PHOTON
PUGNA	INDUSTRIA
GASOLINE	POLLUTIO
CALOR	MOTOR
CARBO	NUCLEAR
ESCA	RENEWABLE
PELLENTESQUE	TURBINE
ULTRICES	VAPOR
ELECTRON	VENTUS
ENTROPY	

31 - Giardino

```
H O R T U S S I T I V E A Z S E
Z Z Q K C O D A C N E G K I H A
O W N H F L X B X Q F G T Z W T
A U R F B F D R Y A X O K A W A
K B C Y H O S E G A R A G N A C
E A J O G S G H M L D X X I Q P
S N P P R K U R U T R U M A M Y
B C P C C C X B L D D C E B K F
D O A N X O H X U Y V X P R S M
S O L O P M B A C W U A E C A V
L V R A R M I A R F S U S X X F
Z U A X N A Y B A D X Y S T U M
E F B T V H M A S E I E D P A T
E G E T A R B O R E O L Z O V X
T R A M P O L I N E C H E U H D
P R Y V K I L M U Y O E J T V Q
```

ARBOR	BANCO
HAMMOCK	SARCULUM
BUSH	SEPEM
HERBA	SAXA
ZIZANIA	EGET
FLOS	SOLO
ORCHARD	XYSTUM
GARAGE	TRAMPOLINE
HORTUS	HOSE
RUTRUM	VITIS

32 - Riscaldamento Globale

```
J  L  K  W  F  T  I  S  V  O  K  O  Q  G  M  K
E  X  E  X  U  H  M  N  E  M  I  R  C  S  I  D
E  V  O  G  R  P  V  T  S  I  T  N  E  I  C  S
M  U  I  R  E  P  M  I  T  L  T  V  O  J  F  I
K  J  N  D  Z  S  A  P  I  Q  S  I  N  Q  A  N
C  C  W  K  R  F  U  E  B  P  H  K  R  S  H  T
P  V  E  H  F  I  Q  U  U  E  Y  W  U  R  E
B  O  F  L  X  S  I  R  L  Y  W  O  N  S  D  R
H  B  P  K  F  J  L  M  U  R  U  T  U  F  A  N
J  E  O  U  I  M  A  Z  M  G  S  T  N  L  T  A
O  R  N  P  L  A  W  R  Q  C  I  T  C  R  A  T
O  T  H  N  E  I  P  Z  A  B  R  N  M  R  C  I
L  H  J  Q  A  R  S  E  G  G  A  P  Z  Y  O  O
C  K  D  I  C  T  A  U  Q  E  S  N  O  C  L  N
P  F  S  Z  Q  U  C  M  M  L  R  L  Y  F  D  A
C  O  N  S  E  Q  U  A  T  U  R  I  G  R  Z  L
```

ALIQUAM
ARCTIC
OPERAM
CAELI
CONSEQUATUR
DISCRIMEN
DATA
VESTIBULUM
FUTURUM

IMPERIUM
LOCA
INTERNATIONAL
LEGES
NUNC
POPULI
SCIENTIST
CONSEQUAT

33 - Frutta

```
W C U C T O E X W B E H K Y A P
Q I J L P M T R O A M A N G O I
A Y N O M M I S R E P N S Y K N
A M G X O D A C O V A P Z D F E
F C E M M T M U R I P S L J I A
N E C T A R I N E S G B K E C P
K I W I F C Z P R U N O E P U P
F R I C O L Z X C E G K J R S L
C E R A S U S A Y A P A P P R E
L R I Y N B V K E D O V X E U Y
Y E N I M D M T M I U R M R F X
R D M K V D C Z B S V Q U S F T
Z O Y O O N K E I U A U K I I B
O K S V N P L G J B L I O C O C
R H O N C U S I M U C U C U Z X
I Q A X H G C N N R U W Z M K C
```

PINEAPPLE	MANGO
RHONCUS	APPLE
AVOCADO	CUCUMIS
BERRY	ETIAM
PERSIMMON	NECTARINE
CERASUS	PAPAYA
FICUS	PIRUM
KIWI	PERSICUM
RUBUS IDAEUS	PRUNO
LEMON	UVA

34 - Fattoria #2

```
C I B U M U E D R O H F S E H D
A P H R K A P T R A C T O R O W
C N X S W L R J L P W T U D R E
W S I T A N A M A L L R T B R S
N I O M S U T C U R F I Y W E T
C L N Z A U I A L X S T B S U L
O I J D A L N L Y N I I W Z M B
H B U R M X I G R O S C A D U T
G A E A I I L A A E V U Y Y C A
P T H H B P L K Z M T M H V W G
Z E F C R K Q L M A T U R A H R
O G J R Y F R U M E N T U M X I
R E S O Q K K W A D Q R P R J C
H V E Q W I R X T D Y D I B C O
U G Y U C Z L R S A Y O V E S L
I R R I G A T I O N E S A C E A
```

AGNUS
AGRICOLA
ANATIS
ANIMALIA
CIBUM
HORREUM
FRUCTUS
ORCHARD
TRITICUM
IRRIGATIONES

LLAMA
LAC
FRUMENTUM
MATURA
WINDMILL
HORDEUM
OVES
PRATI
TRACTOR
VEGETABILIS

35 - Verdure

```
R A D I C U L A R Z V W A B K B
U P X V Z W S M Q A R I L A T V
I E F U N G O R U M P T L N J D
C C C B W Y G E W U A A I S E M
C A B U B R N B N N L C U S L F
U J C F C K C I R I G I M P A Q
C U B T M U O G V L E S U I K U
U O T O U B M N O E N S S N X D
R X N L A S U I Q S T A I A J J
B J D L Y S I G S O E R P C Q X
I Z A A N H P L S R M B U H G J
T T U H V N A F M T O L I V A E
A B C S S Z U G V E P R K B A U
X Y U S N T N A L P G G E O F R
C D S S R S S Z G I E V J N D V
Z K Y M L P O D M V N F H D N H
```

ALLIUM	OLIVAE
ALGENTEM	PISUM
CACTUS	PETROSELINUM
DAUCUS	RAPA
BRASSICA	RADICULA
CUCUMIS	SHALLOT
CEPA	APIUM
FUNGORUM	SPINACH
SEM	GINGIBER
EGGPLANT	CUCURBITA

36 - Musica

```
P U N B Q T K M A Z J B T B Q L
C O R E M U N S I L O O O P G G
A S E L G V T V D H B S F S Y A
N S T T N X P P R Z S U R O H C
T L A C I R Y L O R I C M L O C
O Y T Z D C R R C T N I U I P L
R C N H R P A Q N N S S L G E A
H P A B O J C K O U T U U U R S
X A C J C W S R C M R M B L A S
I C R K E H O D V E U B I A Z I
B J W M R O X S O R M Y T R S C
R M P I O F O M C O E I S Q W A
I R S M J N E R A S N F E S R L
N A E N I A I P L A T T V Q E T
M U S I C U M A I Q U K X E W K
I M G G D V T L S J M L L H G G
```

ALBUM
CONCORDIA
HARMONIA
NAENIA
CANTOR
CLASSICAL
CHORUS
VESTIBULUM
LYRICAL
CANTATE

LIGULA
MUSICUM
MUSICUS
OPERA
POETICA
RECORDING
NUMEROSA
NUMERO
INSTRUMENTUM
VOCALIS

37 - Barbecue

```
F R U C T U S A C L V F C C F C
X P X N Q V W Z M I K H V R A C
E W U P L E Z M U I B H D A M A
C N E Q W X R U L M C U T T E L
N M S A H E E S L U W I M I S I
X U L D Y X H I U I W F S C E D
Q T U C K Z P C P D K I I U O U
W N D V P L A S N A M O L T M
C E O H W N J E T A T S E A A G
P M S H N S A K P R B Q H M M S
A I T N E T O P K P R Q L T O Z
L D P L E G U M I N A K W R T R
M N C E X E G G P H J A C E P E
T O S R R K N W Y I N N P U M J
B C V Y W U V X Y E S C O S L W
F A M I L I A I F I L I I O Z E
```

AMICIS
FILII
CALIDUM
PRANDIUM
CIBUM
CEPE
AESTATE
FAMES
FAMILIA
FRUCTUS

LUDOS
CRATICULAM
POTENTI
MUSICA
PIPER
PULLUM
TOMATOES
SAL
CONDIMENTUM
LEGUMINA

38 - Insetti

```
L  P  D  W  R  X  D  R  A  G  O  N  F  L  Y  I
O  M  V  L  A  J  L  Q  H  I  Z  T  G  U  F  J
C  J  G  Q  Y  S  L  E  K  A  W  V  L  W  W  V
U  Z  O  C  D  A  P  T  A  U  I  B  K  F  H  A
S  F  L  Y  J  A  B  Z  G  G  F  K  Z  H  U  M
T  N  A  O  S  U  R  E  T  U  A  T  I  N  E  A
A  B  G  C  I  C  A  D  A  B  P  D  M  X  L  B
O  X  A  C  M  L  U  Q  F  Y  I  N  U  W  T  L
U  Y  K  O  R  K  I  B  H  D  S  Y  O  V  E  M
M  H  D  D  E  G  K  P  M  A  U  I  Q  P  E  S
L  C  V  J  V  C  L  J  A  L  L  N  T  L  B  W
A  P  H  I  D  D  X  I  T  P  L  Y  M  N  P  D
T  E  R  M  I  T  E  J  T  S  I  T  F  I  A  H
G  C  X  H  D  U  L  Y  A  T  R  O  Q  W  B  M
Z  H  S  X  T  E  U  Y  L  A  G  K  R  T  R  U
T  C  A  B  H  G  C  V  B  C  F  H  K  C  K  Q
```

APHID   UTERUS
APIS   DRAGONFLY
GRILLUS   LOCUSTA
CICADA   MANTIS
LADYBUG   BLATTAM
BEETLE   TERMITE
TINEA   VERMIS
PAPILIO   WASP
ANT   CULEX

39 - Fisica

```
M  J  Q  T  M  A  D  E  N  S  I  T  A  S  G  A
F  O  I  T  A  T  A  L  I  D  O  J  F  N  R  C
M  O  L  S  O  O  B  Q  S  S  U  M  P  U  A  C
I  Y  R  E  L  M  C  H  A  O  S  A  C  C  V  E
Z  L  X  M  C  F  M  W  T  J  X  G  O  L  I  L
W  Z  T  A  U  U  Q  V  I  M  J  N  M  E  T  E
A  B  A  X  O  L  L  F  C  D  Q  E  P  A  A  R
L  D  C  E  B  K  A  O  O  X  N  T  A  R  T  A
U  N  I  V  E  R  S  A  L  I  S  I  R  E  I  T
C  O  N  O  X  Z  U  R  E  E  W  S  A  G  S  I
I  R  A  N  Z  W  C  E  V  N  O  M  T  E  P  O
T  T  H  N  Y  J  R  O  U  G  C  I  I  T  E  E
R  C  C  B  Q  Z  C  B  L  I  B  U  O  C  Q  I
A  E  E  H  G  O  A  G  X  N  B  R  N  N  W  V
P  L  M  U  Z  E  Y  C  N  E  U  Q  E  R  F  O
V  E  S  T  I  B  U  L  U  M  X  Q  C  G  O  Q
```

ACCELERATIO	GRAVITATIS
ATOM	MAGNETISMI
CHAOS	MECHANICA
EGET	MOLECULO
DENSITAS	ENGINE
ELECTRON	NUCLEAR
DILATATIO	PARTICULA
FORMULA	COMPARATIONE
FREQUENCY	UNIVERSALIS
VESTIBULUM	VELOCITAS

40 - Agronomia

```
W  G  F  D  A  G  U  G  R  T  O  T  Z  S  G  X
R  U  S  T  I  C  U  S  A  S  E  X  E  O  A  S
M  F  R  N  T  I  N  A  T  F  U  V  E  L  G  E
J  F  L  E  N  N  G  G  I  B  R  O  M  O  R  M
M  B  H  M  E  A  V  L  O  S  E  P  W  B  I  I
U  Y  C  N  I  G  Z  E  T  K  W  T  H  F  C  N
T  A  R  O  C  R  E  T  S  C  I  B  U  M  U  A
N  O  A  R  S  O  P  B  P  T  R  N  F  E  L  V
E  E  E  I  Z  K  H  R  N  U  I  G  B  D  T  Z
M  C  S  V  L  A  J  J  F  Z  X  B  U  I  U  K
G  O  E  N  C  H  F  I  X  T  Q  A  U  J  R  F
U  L  R  E  P  R  O  D  U  C  T  I  O  L  A  T
A  O  E  C  S  X  C  L  G  Y  R  D  R  L  U  R
T  G  E  Y  S  P  O  L  L  U  T  I  O  D  Q  M
Z  I  P  Z  A  G  M  M  F  F  J  E  P  M  A  K
X  A  K  V  R  F  T  F  P  N  J  R  T  X  I  G
```

AQUA
AGRICULTURA
ENVIRONMENT
CIBUM
AUGMENTUM
OECOLOGIA
VESTIBULUM
EXESA
STERCORAT
IDEM

POLLUTIO
MORBI
ORGANIC
PRODUCTIO
RESEARCH
RUSTICUS
SCIENTIA
SEMINA
RATIO
SOLO

41 - Erboristeria

```
J  B  Z  R  H  Q  Q  R  C  V  A  H  W  O  P  T
B  Y  J  T  O  S  V  U  B  U  R  H  A  R  E  A
M  I  N  T  I  S  P  I  A  I  S  A  C  I  T  R
A  A  F  N  B  O  M  Z  R  L  J  Z  L  G  R  R
R  L  A  A  L  L  U  A  Y  I  I  V  H  A  O  A
O  L  E  N  I  F  M  Y  R  L  D  T  K  N  S  G
M  I  N  E  N  F  Y  G  A  I  U  I  A  I  E  O
A  U  I  T  G  B  H  O  N  O  N  S  S  S  L  N
T  M  C  H  R  H  T  J  I  R  V  U  Y  H  I  T
I  V  U  U  E  K  I  Z  L  I  V  C  S  O  N  J
C  N  L  M  D  Z  J  K  U  G  Q  O  R  R  U  G
U  V  I  Q  I  M  C  N  C  A  Q  R  X  T  M  U
M  F  G  S  E  L  K  R  B  N  T  C  Z  U  O  U
G  L  T  M  N  B  A  G  S  U  I  L  I  S  A  B
H  R  U  C  S  K  W  G  Z  M  F  A  X  N  U  W
I  G  F  A  Y  Q  C  K  V  J  J  U  R  K  L  G
```

ALLIUM	CASIA
ANETHUM	ORIGANI
AROMATICUM	MINT
BASILIUS	ORIGANUM
CULINARY	PETROSELINUM
TARRAGON	QUALITAS
FAENICULI	ROSMARINUS
FLOS	THYMUM
HORTUS	VIRIDIS
INGREDIENS	CROCUS

42 - Danza

```
E F R L Z K S B A I T A R G O C
H S N I Y Q T R F K F T E G X U
O F U G E E A Q F N L E M Y G L
R A J Q H L T I E D S A S H D T
E E R Q C O U S C W Q L L P B U
M H C C A R R W T J G F P A Y R
U D G E M E A M U T I D A R T A
N N D H N U M P S H U H T G C E
K M U V I S S E R P X E T O C P
V I S U A L E I I N H T N E Z I
C U L T U R A N C D W P A R K B
D V E A E V Z Y D A L U Q O V P
A C A D E M I A E U R F K H M H
M O T U S U P R O C M U I C O S
C L A S S I C A L Y S N B O M N
P D U B U A N Y V V B B C E N C
```

ACADEMIAE
ES
CLASSICAL
SOCIUM
CHOREOGRAPHY
CORPUS
CULTURA
CULTURAE
AFFECTUS
EXPRESSIVUM

LAETA
GRATIA
MOTUS
MUSICA
STATURAM
RECENSENDUM
NUMERO
TRADITUM
VISUAL

43 - Biologia

```
E M O S O M O R H C D P B E T C
Q E M X I P D H D X O R A C B R
Q O T D Y S H Y B U E A C B T E
E N Z Y M E O A L Q M E T K T K
A I T H S P O I A U D G E A V S
Y Q U O D A P I B U S R R N N P
B K O R N K J S L M R E I A A E
G L A M M A M Q S D Y S A T I C
F N D O Y R B M E W I S S O G I
N S I N O I T A T U M U T M R E
J E I E S P A N Y S C S B I E S
H N R S C O L L A G E N S A P X
N C K V O S I L A R U T A N T Y
R K P W U M Z E N E U R O N I R
N Q Y C G S S C F W U M Q L L M
B E O O D L M O J H X T H G E P
```

ANATOMIA
BACTERIA
CELL
COLLAGEN
CHROMOSOME
EMBRYO
ENZYME
PRAEGRESSUS
MAMMAL
MUTATIONIS

NATURALIS
NERVUS
NEURON
HORMONE
OSMOSIS
DAPIBUS
REPTILE
SYMBIOSIS
SYNAPSE
SPECIES

44 - Attività Commerciale

```
T A A O B K D J L S U T P M U S
B I D Y Q S J V U R N C O N A
M N G H O V S F C C E U Q N B S
M U I C I F F O R R D O T E Q X
N C L Y K B H T U A I C T T Z I
S E L O R M E W M P T S E Æ G N
Q P O H : O C I D L U I S A L E
D O L O R L T F T K S D K L N H
B S R L H E P C I P F T E G C M
B B D C R S X M A N R E B A T E
C N R M G T N A D F A X F G O R
B O L U C I R R U C Z N R A E C
Y Q J X T E G D U B B K C T R E
D I G N I S S I M R F V N E V S
Q A M J S Z S N G J L Y B Q R Y
G G X B N V M N A L X I T E G E
```

BUDGET
CURRICULO
SUMPTUS
DICO:
MOLESTIE
PARCUS
FACTORY
FINANCE
DIGNISSIM
MERCES

TABERNAM
LUCRUM
REDITUS
DISCOUNT
DOLOR
PECUNIA
ADHIBE
OFFICIUM
MONETÆ
SALE

45 - Fiori

```
R Y F I F Z D A I S Y N P T P N
B O V L M A G N O L I A L U A A
V R S N O E A O Q L F Y U L O R
I M N A D S J J T J S G M I A C
S U H T N A I L E H D U E P J I
M C S T R O V O C U J B R A S S
M A I N E D R A G L D H I G I S
H X J R K C H Q P I G W A T T U
E A K P C M U R O L A T E P O S
T R I F O L I U M I H E Z I H X
D A P A P A V E R U I C N Z P F
T T H T I B T K P M B A F E O P
L K L X B B Y N H V I S V P A L
O R C H I D C M P P S I N J L N
G D A U B M N O U E C A E C G Z
B H X R E W O L F N O I S S A P
```

TARAXACUM	NARCISSUS
GARDENIA	ORCHID
AENEAN	PAPAVER
LILIUM	PASSIONFLOWER
HELIANTHUS	AGLAOPHOTIS
HIBISCO	PETALORUM
CASIA	PLUMERIA
MAGNOLIA	ROSA
DAISY	TRIFOLIUM
FLOS	TULIPA

46 - Filantropia

```
I  D  Q  E  C  H  R  F  V  W  U  T  P  T  U  P
H  U  B  R  J  O  I  S  S  E  R  G  O  R  P  M
O  U  V  N  U  C  N  S  A  T  E  M  P  I  L  I
N  H  D  E  C  F  Y  T  T  H  C  V  U  T  U  S
E  H  A  T  N  T  V  F  A  O  K  M  L  Q  R  S
S  K  T  A  I  I  L  I  F  C  R  S  U  L  W  I
T  P  U  T  P  L  S  N  A  W  T  I  S  U  P  O
A  E  M  I  I  F  D  A  P  G  V  U  A  X  U  Y
T  C  R  L  I  K  U  N  E  M  G  L  S  N  G  V
I  U  C  A  N  F  A  C  I  L  B  U  P  I  Y  I
S  N  O  R  S  X  R  E  B  O  B  O  A  Y  X  K
P  I  E  E  C  O  M  M  U  N  I  T  A  S  I  P
F  A  T  B  H  U  M  A  N  I  T  A  T  I  S  K
G  B  U  I  N  R  C  X  E  F  Q  V  I  V  M  P
L  V  S  L  V  M  M  Y  P  B  B  U  Z  K  D  P
B  C  I  J  X  A  X  C  B  K  T  H  H  H  A  U
```

FILII
OPUS
COMMUNITAS
CONTACTUS
DATUM
FINANCE
PECUNIA
LIBERALITATE
IUVENIS

COETUS
MISSIO
METAS
HONESTATIS
POPULUS
PROGRESSIO
PUBLICA
HISTORIA
HUMANITATIS

47 - Ecologia

```
N C S A N V W H Y B D C O L C S
T R V R E T A T I C C I S T O A
S G Z C M M H R G A I D Y N M L
S D A E W A A S I T N A L P M U
I I D U E L D D V E G P L H U T
I V L P A L K M O M T J U E N E
R E M E D U L A P K A A M V I M
A R U T A N X N N F Y Z T M T P
T S Q S R C D X M V P P A E A H
N I X N A T U R A L I S W Y T G
U T A T I B A H M E X N D S E P
L A R O L F P A E N A S X E S P
O S E I C E P S V I R E N T I A
V P O O J Q D Y Y R F X M N F M
Z O E Z X G D D Q A J X A O A P
H F A S Q Y R E Z M F U M M V E
```

CAELI
COMMUNITATES
DIVERSITAS
FLORA
HABITAT
MARINE
MONTES
NATURA
NATURALIS
PALUDEM

PLANTIS
OPES
SICCITATE
SALUTEM
NULLAM
SPECIES
VARIETATE
VIRENTIA
VOLUNTARIIS

48 - Discipline Scientifiche

```
O A C I N A H C E M D N V I N C
E G S M B Z M H A N A T O M I A
C R O M I J T E J N K J N C W Q
O A C U E S Y M A C I N A T O B
L M I N V D A I M O N O R T S A
O M O O V Q D A U H K O R D K D
G A L L A N T I Q U I T A T I S
I T O O G Y Y P Z Y N L X T N I
A I G G J R G W Y G A D V G S U
Y C I Y G O L O R O E T E M M D
P A A Z D B E S L L P W U V F L
B T E L P H Y S I O L O G Y P P
Z E C H X R Q H B R I K H Y Z G
M E N O I T I R T U N B C K L A
E A C I D N A L R E D E N G E X
K S Y G O L A R E N I M B J K B
```

ANATOMIA
ANTIQUITATIS
ASTRONOMIA
BIOLOGY
BOTANICAM
CHEMIA
OECOLOGIA
PHYSIOLOGY
NEDERLANDICAE

IMMUNOLOGY
GRAMMATICA
MECHANICA
METEOROLOGY
MINERALOGY
NEUROLOGY
NUTRITIONEM
DUIS
SOCIOLOGIAE

49 - Scienza

```
S  P  J  H  F  R  T  S  I  T  N  E  I  C  S  S
M  A  T  A  D  G  K  A  E  U  M  O  T  A  V  A
P  R  M  E  E  X  Y  O  O  U  N  R  X  R  D  N
R  T  I  K  G  S  W  X  D  S  B  U  Y  U  N  N
A  I  N  F  S  E  Q  S  C  K  E  T  O  T  U  C
E  C  E  L  I  S  S  O  F  O  U  D  O  A  L  A
G  U  R  P  L  A  N  T  I  S  N  A  U  N  L  E
R  L  A  G  R  A  V  I  T  A  T  I  S  P  A  L
E  I  L  O  H  F  M  W  C  J  H  G  Z  H  F  I
S  S  I  T  E  N  O  I  T  A  V  R  E  S  B  O
S  F  B  D  Z  X  D  M  O  L  E  C  U  L  I  S
U  G  U  P  G  O  U  W  I  J  T  O  K  M  Y  T
S  C  S  A  C  I  S  Y  H  P  P  B  T  Q  G  A
E  X  P  E  R  I  M  E  N  T  U  M  T  U  X  M
L  G  C  O  U  A  M  K  U  X  D  Y  H  L  G  C
G  R  U  M  B  B  N  U  P  P  W  Y  C  A  I  Z
```

ATOM	RUM
EGET	NULLA
CAELI	MODUS
DATA	MINERALIBUS
EXPERIMENTUM	MOLECULIS
PRAEGRESSUS	NATURA
EO	OBSERVATIONE
PHYSICA	PARTICULIS
FOSSILE	PLANTIS
GRAVITATIS	SCIENTIST

50 - Acqua

```
E H E J A F P R N W L N R G C F
T U V U Q M J B I Q X A I Q U L
E M H E H U L E G X R I C X P U
S I G A V N E M U L F V C U D C
I D E L B A K N I R D U D V S T
A I C L N E P K G T Y L A A E U
S T I E U C O O E O Q P X P N S
I A S C T O F Y R E B M I O O K
X S G O M O U K J A H R D R I Z
K E N R H U M I D O T Q O N T T
M X F P P M U I V U L I D V A P
U P B V E D O Q V H B W O A G U
I H A G W Y O V J E C W F A I H
I X R W F C A N A L I S Q W R J
S T V N R W J K B O W Z W B R S
G E Y S E R G B M X V H G N I B
```

DILUVIUM	ETESIA
CANALIS	NIX
IMBER	OCEANUM
EVAPORATIO	FLUCTUS
FLUMEN	PLUVIA
GELU	DRINKABLE
GEYSER	HUMIDITAS
ICE	HUMIDO
IRRIGATIONES	PROCELLAE
LACUS	VAPOR

51 - Boxe

```
C C J H S G A T C N U P K K H Z
A A G S F U N V D U W G F F E F
L E L K B N G G A R T E J C U C
C S C A S M U T N E M G H Q F C
I T V O S X L E P O Q Y V X W U
T U F N R S O D U T I T R O F B
R S Y G M P U L J C X P O X R I
A M I U B D U S E N U F T R Q T
R F Z P E X D S W V W M A G N U
E B J Y L I H N T Y V A N V W S
P R F Z L A Q P H M C G G R H K
Q S O W E Q J G S P G A U O K T
M I C H H D D X E B X D P R H W
R E U R E F E R E N D A R I U S
I G S U I R A S R E V D A H P Q
S O R E C U P E R A T I O G Z O
```

ARTE   FORTITUDO
ANGULO   FOCUS
REFERENDARIUS   CUBITUS
ADVERSARIUS   CAESTUS
CALCITRARE   MENTUM
BELL   PUGNO
PUGNATOR   PUNCTA
FUNES   VELOX
CORPUS   RECUPERATIO
LASSUS

52 - Imbarcazioni

```
M E G E R G Z H L F R K E R E A
E S U S T I N E O F O F V Y N E
N L W X T M C M Y C H G L R G S
U A A A J Y Y F L U C T U S I T
F K U C X S M T X I N X Q L N U
S N N T U B Z O C E A N U M E S
H F U H I S X L K D N I M I R I
X B Q C B C H N W Q V H K H A T
G I F A Z M I T J K W P L K M A
J N P Y T G R S I V A N C N C R
Z W R O T I T T R O P Y Z N T W
F X H V T D X N E Y K U A V O L
L N G P I C A N T A V I T K J E
Y E M H G A G H N N E M U L F K
I N Y H R T P J I S T C A A K H
T G Y T B D M U L L S K N Y H T
```

ANCHOR	MARE
NAVIS	AESTUS
SUSTINEO	NAUTA
LINTER	ENGINE
FUNEM	NAUTICIS
GREGEM	OCEANUM
CANTAVIT	FLUCTUS
FLUMEN	PORTTITOR
KAYAK	YACHT
LACUS	RATIS

53 - Chimica

```
C E N G C O Z G Y X S R F R V C
H O L A S U D N O P I P K U E A
C P N E N J E A Z J X Y A F S L
O J H S C Z L L D S C W X N T O
N V Z W E T T S Z I A O Y T I R
S U I Z A Q R W Y H T M K O B A
E D N T G C U O B R A C W X U E
C I N A G R O A N O L R P Z L L
T U J O W G F C T T Y J H Y U C
E Q R L X A B G A R S Y M Q M U
T I M U D I C A H O T Z M N E N
U L T C F E O K A T G N Y O N H
E Q G E S A E N I L A K L A Z I
R D O L O R A T O M I C U S Y Y
E Y I O P Z S G G H X C V Q M S
E R O M G B I L O C R C A C E M
```

ACIDUM

ALKALINE

ATOMICUS

CALOR

CARBO

CATALYST

CONSEQUAT

ELECTRON

ENZYME

VESTIBULUM

CONSECTETUER

ION

LIQUID

MOLECULO

NUCLEAR

ORGANIC

DOLOR

PONDUS

SAL

TORTOR

54 - Api

```
P I D H E K B L A Y C H D K O G
J L N V O Y F B N E E A I P Z W
K D A S B R H Y S A R B V B C P
Y U F N E Q T P O P A I E L O H
O R N N T C R U L L N T R D H N
L J J E L I T U S K I A S K S N
S K A L G S S J R R G T I F T L
T A W L N A L V E O E L T H R Y
M B P O N R S F A U R B A Y S F
Y L L P H P J L P Q Z G S Y Z L
G O A S H N U O Y D N N Q J K O
V R S U T C U R F X M O N P E R
K O A M F G M E T S Y S O C E E
N P X U B R E B H B W R R B G S
Z J M F X P S I L A C I B U M D
M E L H X R U T N E C S I M J K
```

ALIS	FUMUS
ALVEO	HORTUS
UTILE	HABITAT
CERA	INSECT
CIBUM	MEL
DIVERSITAS	PLANTIS
ECOSYSTEM	POLLEN
FLORES	REGINA
FLOREBIT	MISCENTUR
FRUCTUS	SOL

55 - Strumenti Musicali

```
B Y R Q U R C O Q Z M M Z T M S
Y P Y N A C I N O M R A H R T M
F V G X V F T T I B I A Z O Y D
A C K O J F H B E X H K S M M M
Z Q A J A W A P A F N E N B B F
P L E N I D R C I Y M C G O L H
A V R A L O A E B A Z L B N I P
U I T B T R O L I T N Q Z E O F
Z G B A Q I Z L T Y G O D I R G
R T Z T U V V O P M Z K D I T F
T U B A Q Q L F L P Y S E P K F
Y P T N I L O D N A M V V E V K
S A X O P H O N E N O O S S A B
S U S S U C R E P U Q A Q C V O
C X G T K K G Y Z M R J U J Q Q
M F B G R C W G F L L J U M F A
```

HARMONICA	SONATA
BANJO	PERCUSSUS
PLENI	PIANO
CITHARA	SAXOPHONE
TIBIAE	TYMPANUM
BASSOON	TUBA
TIBIA	TROMBONE
GONG	VITAE
MANDOLIN	CELLO

56 - Professioni #2

```
M  D  G  L  F  V  Z  J  D  B  K  E  P  B  I  H
A  B  T  S  I  G  O  L  O  I  B  N  R  Q  N  O
G  Z  D  Y  S  N  S  X  G  C  X  G  E  X  Q  R
I  R  E  Z  I  V  G  Y  K  O  P  I  T  M  U  T
S  O  N  M  W  L  P  U  I  G  B  N  I  O  I  U
T  T  T  E  H  I  Q  Q  I  E  H  E  U  Y  S  L
E  A  I  R  A  O  M  K  T  S  V  E  M  I  I  A
R  N  S  O  C  G  E  U  Z  E  T  R  D  N  T  N
S  R  T  T  B  Y  R  O  T  N  E  V  N  I  O  U
M  E  D  I  C  U  S  I  Q  O  U  U  P  R  R  S
S  B  U  S  O  R  O  T  C  I  P  Z  P  D  X  U
C  U  L  I  G  S  U  H  P  O  S  O  L  I  H  P
Y  G  G  U  G  A  X  Z  A  H  L  A  F  D  F  A
M  Z  V  Q  R  A  P  F  W  M  Y  A  O  O  W  V
G  P  D  N  I  L  L  U  S  T  R  R  A  T  O  R
A  Y  C  I  A  S  T  R  O  N  A  U  T  W  U  G
```

AGRICOLA
ASTRONAUT
BIOLOGIST
DENTIST
INQUISITOR
PHILOSOPHUS
PRETIUM
HORTULANUS
WISI

ILLUSTRRATOR
ENGINEER
MAGISTER
INVENTOR
LINGUIST
MEDICUS
GUBERNATOR
PICTOR
INQUISITOREM

57 - Letteratura

```
C O N C O R D A R E R X I F K W
N C L J K X R O E X Z T D L N A
M C O N C L U S I O B A T Y T I
U E V O N P Y F A E R K Q R I D
T A T Q N N H Q O M G D C G S E
N J D A C I T E O P Y H L Z D O
E U P I P B A W D H U S U N E G
M S M L A H A I T N E T N E S A
U D M E O L O D Y S X Y L M Q R
G O J Q R G O R V P M L A R Y T
R V W T Y O Z G A L L E B A F K
A A U C T O R I U B N Z B C J W
Z U J X S M U S I S Y L A N A V
D E S C R I P T I O N A T T K B
S I M I L I T U D O I I I F Y C
C O M P A R A T I O N E V P D P
```

ANALYSIS
SIMILITUDO
FABELLA
AUCTOR
VITA
CONCLUSIO
COMPARATIONE
DESCRIPTION
DIALOGUS
GENUS

METAPHORA
SENTENTIA
CARMEN
POETICA
CONCORDARE
NUMERO
NOVE
STYLE
ARGUMENTUM
TRAGOEDIA

58 - Cibo #2

```
P M L H R K J G L W P T P Y Q N
S I Y N C I C A C T U S A Z J T
N S S Q D W D A Y C D V N N E P
A C U C M I M H O S E X E I U K
S E E O L P P A D C R M U V O
P L S X T S F S V W I Q A G J J
A E A B N M P G U Z R K V S Q J
R R C S E T F U N G O R U M U Z
A I A G G R E P U L L U M U D S
G S S D L I P G R S A I R I D E
U Q V D A T R U G O Y G J P E K
S U L L Q I X V W P A X U A D P
C E R L V C I W R K L V N U N F
B U F O Y U N A F N R A Y Q E X
J L D B X M A H K P T A N L V P
K M S V S F J J C S I F J T C D
```

ASPARAGUS   EGGPLANT
ALGENTEM   PANEM
CACTUS   PISCES
CERASUS   PULLUM
SCELERISQUE   HAM
CASEUS   RICE
FUNGORUM   APIUM
TRITICUM   OVUM
KIWI   UVA
APPLE   YOGURT

59 - Nutrizione

```
P T V I T A M I N U M D C C Q I
O N O C H C U L S A N S O A D L
N J L X L X N Z E U T G N R W A
D P H L I B X I J N B N C B S P
U E M I K N J F L W R I O O F P
S H R B O J H N G H M C C H E E
E S E R O U Q I L P U S T Y R T
N U V A O S C A Y B T I I D M I
U N B T E I D Q R G N P O R E T
W A L U K L Y U G O E I N A N U
J S F M C U J A W H M D E T T S
A M A R A D A L A M I A M E U D
S A L U T E M I Z B D I T S M R
P T J L U K H T Q A N L H A Y N
C V Z W X E D A A K O E B P J P
N E G T O K R S R U C S E R V O
```

AMARA	CIBUS
APPETITUS	PONDUS
LIBRATUM	SERVO
ADIPISCING	QUALITAS
CARBOHYDRATES	CONDIMENTUM
EDULIS	SALUTEM
DIET	SANUS
CONCOCTIONEM	AROMATA
FERMENTUM	TOXIN
LIQUORES	VITAMINUM

60 - Matematica

```
T R I A N G U L U M M I H J D D
S E A J N H M X N Y Q G H Z E I
U M L N S K O X C F Y O F W C V
M T H C I X A C P D Z K P S I I
M G I W S O I T A U Q E A T M S
A M M A C I T E M H T I R A A I
P D U Y Z T T A B W A L A Q L O
Z K L F U C G I T V D U L U E P
R S U I D A R E D E E G L B S O
Y G G N U R F N O E L N E X A L
A A N F W F U N U M A A L G W Y
Q U A D R A T U M M E R A Z D G
T V T N E N O P X E E T P I I O
I C C A N Q C J W K I R R J A N
K X E S P H A E R A G G I I M U
W U R E T E M I R E P P O H A M
```

ANGULI
ARITHMETICA
DECIMALES
DIAM
DIVISIO
AEQUATIO
EXPONENT
FRACTIO
GEOMETRIA
NUMERI

PARALLELA
PERIMETER
POLYGONUM
QUADRATUM
RADIUS
RECTANGULUM
SPHAERA
PRAEDITIS
SUMMA
TRIANGULUM

61 - Meditazione

```
M G R A T I A S A T I R A L C V
I C X L E C W N P N A T U R A E
S O M A I D R O C I R E S I M Y
E G G E N O I T A V R E S B O Y
R I M E N S Z A P N Z A V P R S
I T P R O S P E C T U M N E C T
C A T N Q E W O R P R C S S W A
O T S A T I L L I U Q N A R T T
R I P U F Q N N N T G M F J A U
D O N C T F Z P J T P X F I J R
I N Q M V O G M G A T E E V Y A
A E C F M W M E C A P H C O X M
Z S G L M U S I C A Y Y T C U A
M E N T I S V E J E H N U H A U
S I L E N T I U M Y M R S I I I
C F M P V Z O P E R A M W D V J
```

ACCEPTIO
OPERAM
TRANQUILLITAS
CLARITAS
MISERICORDIA
AFFECTUS
MISERICORDIAM
GRATIA
MENTIS
MENS

MOTUS
MUSICA
NATURA
OBSERVATIONE
PACEM
COGITATIONES
STATURAM
PROSPECTUM
SPIRANS
SILENTIUM

62 - Antiquariato

```
F  N  V  Y  R  U  T  N  E  C  W  X  X  C  H  F
C  J  E  P  B  S  S  U  T  E  V  S  I  H  B  A
I  S  A  R  V  T  W  L  Z  U  H  U  S  Q  P  N
H  F  N  U  S  Y  R  L  E  W  E  J  R  I  M  A
E  P  E  A  V  L  P  A  G  Z  V  W  X  D  E  T
E  V  X  L  G  E  R  M  A  T  I  L  O  S  N  I
J  S  O  P  I  E  T  D  E  C  A  D  E  S  O  C
J  N  O  Q  U  A  L  I  T  A  S  P  E  G  I  U
C  S  U  P  E  L  L  E  C  T  I  L  E  M  T  S
O  C  O  N  D  I  T  I  O  E  W  K  C  A  U  P
I  G  A  L  L  E  R  Y  F  E  U  C  M  R  T  R
N  X  W  H  U  U  V  Q  R  C  Q  J  F  E  I  E
S  H  H  R  D  I  G  N  I  S  S  I  M  V  T  T
D  V  W  C  I  R  Y  E  X  E  W  R  C  C  S  I
Y  W  R  O  Q  U  E  N  V  A  U  N  K  M  E  U
U  V  U  I  Y  V  C  M  J  R  E  F  Y  G  R  M
```

FANATICUS	INSOLITA
ES	DIGNISSIM
ITEM	SUPELLECTILEM
VERAM	COINS
CONDITIO	PRETIUM
DECADES	QUALITAS
NULLAM	RESTITUTIONEM
ELEGANS	CENTURY
GALLERY	STYLE
JEWELRY	VETUS

63 - Escursionismo

```
U E A Q U A X P X H B M J D L A
O M I R O E J R E N C V L U A U
S J L I E V C A O O N P D C S P
Q F A D U F S E D I P A L E S U
G J M P C Y I P B T B R M S U Q
B X I L E A C A V A I U V E S M
C N N S V B R R C T M T X M A K
Q U A O K C A A S N O A F M T L
E X L L Q F P T R E N N H D S G
M B U M U N M I W I T L P L E J
S I L O E F A O N R E Q R S P X
H J P Y A N P N N O M A Z L M N
J T A B E R N U S I V A R G E F
F L Z G L W Q H I X E K S A T O
W L I Z R B O P S D U Z P L D Z
C A S T R A U E E U J F F N E U
```

AQUA
ANIMALIA
CASTRA
CAELI
DUCES
MAP
TEMPESTAS
MONTEM
NATURA
ORIENTATION

PARCIS
GRAVIS
LAPIDES
PRAEPARATIO
FERA
SOL
LASSUS
TABERNUS
CULMEN

64 - Professioni #1

```
E E O W L A E X H C I C O V W J
D C W P E T S I C A M R A H P B
I S K Q G G H T J X E F I T R A
T C I I A A E E R A R T E A O S
O Z S V T C T O U O H P M E T A
R A F A U W J T L O L J H Q A L
T H E U S I H O O O A O B O N T
P R A F A X M X Q R G C G S E A
P L U M B A R I U S N I U U V T
L X D P Z M J R G Y H A S Y S O
R A E D A S W T R Y L G T T S R
G F S Y J Z S U C I S U M U O U
P E R T S I T N E I C S H L M J
P S Y C H O L O G I S T V Q G V
C A R T O G R A P H E R I Z I C
L J E W E L E R N J B G C C D I
```

RAEDA
LEGATUS
ARTIFEX
ASTROLOGUS
ATTORNATUM
SALTATOR
REMI
VENATOR
CARTOGRAPHER
EDITOR

PHARMACIST
GEOLOGIST
JEWELER
PLUMBARIUS
NUTRIX
MUSICUS
THE
PSYCHOLOGIST
SCIENTIST

65 - Antartide

```
C O N T I N E N S K N U A I M S
X E N O I T I D E P X E Y I I H
I N S U L A E D E E Q D Z E N Y
S I Q F C A T Y S N A G D J E A
G K M E R O T I S I U Q N I R U
N E N G B O Q W G N X T U H A H
Z E O B A Y E X R S A O S A L S
C R Q G R O C K Y U N P C T I P
H D M M R T W K S L C O I I B E
A V E S T A X T W A L G E W U C
S I O R D O P Y N K A R N X S I
D N E D X C R H B W C A T E Z E
C N F G Z E W T I D I P I M L S
N U B E S T S R O A C H F N P L
X Y C H F E O C W R E I I E G D
M I G R A T I O D E K A C R M J
```

AQUA
BAY
CETE
CONTINENS
GEOGRAPHIA
ICE
INSULAE
MIGRATIO
MINERALIBUS
NUBES

PENINSULA
INQUISITOREM
ROCKY
SCIENTIFIC
SPECIES
EXPEDITIONE
TORTOR
TOPOGRAPHIA
AVES

66 - Libri

```
S L I T T E R A R U M Q C K A T
U E Y E W T R A G I C I O W C F
B V R K F T T B S N E S L H P D
I O W I C X E R S B G L L E W R
R N P K E Y Z E C U U P E O S R
O S B A F S K V R R O T C U A T
M P D D J P D P B G R B T V L H
P A G E D E V U E B Y M I L U I
S C R I P T U M A R H S O R B S
H U J U S M O D I L T M J Q A T
Y M E V F A E N I M I I S X F O
M Q V I I N X Q T X E T N O C R
X Z F P C A R M I N A P A E E I
N Q M H A Q K L E C T O R T T C
C A S U S F V U O T X R N L E A
H I N G E N I O S U S Z U Z P M
```

AUCTOR	VERBA
CASUS	CARMINA
MORIBUS	PERTINET
COLLECTIO	NOVE
CONTEXT	SCRIPTUM
DUALITATEM	SERIES
INGENIOSUS	FABULA
LITTERARUM	HISTORICA
LECTOR	TRAGICI
PAGE	HUJUSMODI

67 - Geografia

```
C K K I H M Z O F I M K F N P H
Q X S T R E G I O N E J U I V E
Y Q D S A L T A I R T A P S C M
L A T I T U D O L W E S T H J I
K U X N R W O F H T R O N N K S
M E R I D I A N U S I N J B R P
M K O D I D L F U Q V T A O U H
E E I U F N U J M Y Z B U N Y A
T O R T Y U S Q Z P J J G D U E
N M O I F M N M A P Y U N G O R
O V T G D L I M A R E R Z Q J I
M C I N B I U J C U N B H Q I O
K W R O Y A E M S T Z E B R Z C
L T R L R Z Y M E R L M I X Y O
J K E A W Z S N E N I T N O C P
F V T U L L M S Y V H O F N J H
```

ALTITUDO	MARE
ATLAS	MERIDIANUS
URBEM	MUNDI
CONTINENS	MONTEM
HEMISPHAERIO	NORTH
FLUMEN	WEST
INSULA	PATRIA
LATITUDO	REGIONE
LONGITUDINIS	MERIDIEM
MAP	TERRITORIO

68 - Cibo #1

```
P S L C S N R M S N L Q S F M S
A U L R E F A B P M C A A N U T
I C S A Y J P A I T I E L V E N
Z U J G C N A C N H W W P J D J
M S N U V I Q R A A H V X A R J
H T S S D V K J C N U U S W O P
A V O C A D O T H Z M D J K H N
D A U C U S R T N C I B U M E S
U Z A N W E B A S I L I U S L Z
P V L F D H M F Z J M K J N E X
T M L D N M O U O O U E V O M F
R A I P B Z I F G E R K E Q O K
W S U B D V A U W Z I S G O N D
C S M U G A R F G S P U I F O Z
K A B S F T Z B X L C O B F B H
N E Y P I F B S G K M S W P K T
```

ALLIUM
AVOCADO
BASILIUS
CIBUM
DAUCUS
CEPA
FRAGUM
SEM
LAC
LEMON

MINT
HORDEUM
PIRUM
RAPA
SAL
SPINACH
SUCUS
TUNA
MASSAE
SUGAR

69 - Etica

```
A I H P O S O L I H P J B O N A
I M U E A C I T A M O L P I D U
N I M P G T R E A L I S M U S L
T S A S R A I T N A R E L O T K
E E N Z R H P E O O X N H R E H
G R I H L B B T N W E F O V T E
R I T K M S I U R T L A N T O C
I C A M A I D R O C I R E S I M
T O T Q R D I E L R B A S Y T U
A R I N U V G O G A A C T A A L
T D S G V I A T R C N E A M R X
E I P X G O S L E O O M T R E G
C A U I Z H W Q C G I O I G P P
W B K F Q W C Z U A T P S X O W
S A P I E N T I A E A P B I O J
R E V E R E N T I O R R M L C Z
```

ALTRUISM
MISERICORDIA
COOPERATIO
DIPLOMATICAE
PHILOSOPHIA
MISERICORDIAM
QUISQUE
INTEGRITATE
HONESTATIS

SPE
PATIENTIA
RATIONABILE
REALISMUS
REVERENTIOR
SAPIENTIA
TOLERANTIA
HUMANITATIS
BONA

70 - Aeroplani

```
O J M L D P E F E R O C I A M E
B Q D O B T S N V O U C R E B W
Z D S L S T O Q G K K G I L U Q
C F G S U U U G T I F K C J T J
D O A O S O Q P K R N J F C R N
E A N N A V I G A R E E I A T W
S L O S C O N S E C T E T U E R
C T O U G U B E R N A T O R D
E I L S G R P O R T U M X Q W M
N T L R J M U L E A C F X J O A
S U A E F I A C S E Y I H Z L E
U D B V A I R O T S I H Q H U R
S O Y K V S J A P I Z C E A D I
C O N S I L I U M A O Y C H E S
C N W K E E T N U E S N A R T R
C A N T A V I T E W K H E H B Y
```

ALTITUDO
AER
AERIS
PORTUM
CASUS
ESCA
CAELUM
CONSTRUCTIONE
CONSILIUM
VERSUS

DESCENSUS
CANTAVIT
CONSECTETUER
ENGINE
NAVIGARE
BALLOON
TRANSEUNTE
GUBERNATOR
HISTORIA
FEROCIAM

71 - Governo

```
M X T D I V X S S Z B Q W L V Z
E V M M E N O I T A T U P S I D
T L T E R O K M M A L L U N M C
A O O T R T J O A I T I T S U I
G T S A K W A N C T S U G I N A
C P K T U G T U I A T L S A G E
D I F I T V X M T R S V D R I Q
O T V U G H U E I C T P K U S U
W J J I T F T N L O A C L I X A
H X Z C L X U T O M G E N S E L
X G P W Q I G U P E R U I M L I
O H T N H A S M D D E D B U G T
C O N S T I T U T I O Y V G Q A
A O R A T I O L S D B X S A R S
J Q E A Y L I B E R T A T E M P
I U D I C I A L I S M Y R X H X
```

DUX
CIUITATEM
CIVILIS
CONSTITUTIO
DEMOCRATIA
IURA
ORATIO
DISPUTATIONEM
IUDICIALIS
IUSTITIA

IURE
LEX
LIBERTATEM
MONUMENTUM
GENS
POLITICA
NULLAM
SIGNUM
STATUS
AEQUALITAS

72 - Bellezza

```
H S I N E L K Q Q O Z S E D W O
Z H I E N G H T E M G K T X Q F
Y A I T A R G F K F K D N S H F
B M G D U U E N X R G L P J Q I
X P G U N C L Y M E P J V W F C
A O C O L O R O D O Y P I D X I
M O I Q D D X A M E R O P E L A
E Z B S W G E M U L U C E P S S
T C F R I F O C C E M R L P J T
T O R Q Y N P P P G R T A P N Y
S I L L A V N O C A I C I X A L
O B O S F H A I T N A G E L E I
L I P S T I C K C S H D W B A S
U T C N I K J U X N E U G J H T
E S C T H S H E S C I E J K A F
R Y X B G T C B V U N C J K X E
```

COLOR	LENIS
STIBIO	CONVALLIS
ELEGANS	CUTIS
ELEGANTIA	CINCINNIS
LEPOREM	LIPSTICK
AXICIA	OFFICIA
AMET	SHAMPOO
ODOR	SPECULUM
GRATIA	STYLIST

73 - Avventura

```
Y L W D I A A R N I M P O P H D
N Q B X K M M P D O P E C E R I
N O V U M I O R F G X R C R V F
K M I B U C A M R W I I A E D F
Q U Z T K I M U F E X C S G V I
C I P E A S U W K Y H U I R N C
O D U T I R H C L U P L O I A U
I U I R I M A K T V B O N N T L
T T D O R D I P B N Y S E A U T
C S N F A U X R E S V U M N R A
A V I R T U T E U A A M T D A S
G A U D I U M K D M R L Y U F A
I T I N E R A R I U M P U M H F
N A V I G A T I O N E M U T I P
L S Q T G D S T L C J Z N N E F
B H H M V G Q I N S O L I T A M
```

AMICIS
ACTIO
PULCHRITUDO
FORTE
VIRTUTE
DIFFICULTAS
STUDIUM
PEREGRINANDUM
GAUDIUM
INSOLITA

ITINERARIUM
NATURA
NAVIGATIONEM
NOVUM
OCCASIONEM
PERICULOSUM
PRAEPARATIO
SALUTEM
MIRUM

74 - Forme

```
C  Q  U  A  D  R  A  T  U  M  U  R  L  M  K  P
W  I  C  Y  L  I  N  D  R  O  S  E  Q  Y  A  Y
K  A  R  D  R  G  U  Q  R  E  X  C  K  X  A  R
X  M  Y  C  C  T  G  A  C  V  B  T  R  N  C  A
D  M  U  L  U  G  N  A  I  R  T  A  I  A  U  M
N  W  L  O  N  L  M  O  R  A  K  N  L  E  B  I
Z  E  T  R  O  U  U  F  C  B  L  G  Z  Y  U  D
Q  U  U  A  Z  Q  M  S  U  Y  T  U  I  J  S  I
E  J  G  S  A  I  O  U  M  D  H  L  A  V  O  S
F  W  G  A  G  O  L  I  N  E  A  U  V  B  L  U
N  P  A  R  T  E  D  S  W  O  Y  M  R  I  U  S
W  U  N  E  K  N  W  P  H  L  G  V  U  U  G  T
Y  B  W  A  U  M  E  I  N  O  C  Y  C  Z  N  Z
W  M  Y  H  E  M  E  L  P  B  A  G  L  I  A  W
O  Z  V  P  N  N  O  L  N  Q  R  T  O  O  I  U
P  V  H  S  X  A  A  E  P  R  I  S  M  A  P  R
```

ANGULO	LINEA
ARC	OVAL
ORAS	PYRAMIDIS
CIRCULUS	POLYGONUM
CYLINDRO	PRISMA
CONI	QUADRATUM
CUBUS	RECTANGULUM
CURVA	CIRCUM
ELLIPSI	SPHAERA
PARTE	TRIANGULUM

75 - Oceano

```
P E F A A J V A F Y D P B M V U
R O I Q I R Q O F R P I V A N H
Z P L K W W L C H X Y S D K F F
P A E Y Z I U O S I N C F R Z L
M N G T P R X V A A N E L A B U
A I G U I U P D T I L S J H U C
G N J N O T S M S G Y Z E S L T
Q I G A Y R Y D E N Q E L O T U
W H Q U C U E T P O N C L O P S
L P P E I T P M M P J A Y K N Z
M L W I O L G S E S O E F U J H
R E C N A C L U T Y S S I N K T
N D R E E F V A B J T T S C O U
S Q U I L L A C D Q R U H K C M
K X E C L O Q Z S W E S B I F J
C O R A L S Z G L T A K N Y F K
```

ANGUILLA	OSTREA
BALENA	PISCES
NAVI	POLYPUS
CORAL	SAL
DELPHINI	REEF
SQUILLA	SPONGIA
CANCER	SHARK
AESTUS	TURTUR
JELLYFISH	TEMPESTAS
FLUCTUS	TUNA

76 - Famiglia

```
D C K U X O N P I Q C D U T G C
E P T Z N S K E O J B W Z D E O
F R A T E R F K P X L P X S M G
T M P R N V Y K H O X A O X I N
B M X F B A S T W Y S T X Y N A
V L Q M P V S E J E N E R M I T
N B P A A I X R O V L R I V I A
P G A T N A O N Q N Z N O G L X
Z J T E C G P A T E R I A S I A
J L R R E E U I F W O E I V F V
O V U T S L D L H B R P T N Z U
M C U E T A U I P F O N I A E S
G A S R O U Z F E P S Y R P M N
M A T A R B S N C C R W E U E A
T F L E K Z W U X K B Z U E M T
M H Z B R O X U A J K I P R L L
```

ANCESTOR   MATERNO
FILII   UXOR
PUER   NEPOS
COGNATA   AVIA
FILIA   AVUS
FRATER   PATER
GEMINI   PATERNI
PUERITIA   SOROR
MATER   MATERTERA
VIR   PATRUUS

77 - Creatività

```
G A Y L H C T N S T Q Y X F V L
M F E Z T G D K J L Q X I L I Y
T F A E X P R E S S I O Q U S C
I E E R O A Q A V R H A B I I X
N C O I T A R I P S N I A D O I
G T B K E I N G B S H D R I N N
E U M F Y H S G V U Q E T T E T
N S O P L I Z V O C B D E A S E
I Y C R Q C P T F I O B Y T I N
O S W E S N U D M G S G N E N S
S Q N A S P O N T A N E A M T I
U M E N O I S S E R P M I M U O
S E M T W Q E L A T I V G X I N
I M A G I N A T I O C U D J T E
Q V O J L E F K J X U M J L U M
C L A R I T A S S E N S U M M Y
```

ARTE	IMPRESSIONEM
ARTIS	INTENSIONEM
CLARITAS	INTUITUM
TRAGICUS	INGENIOSUS
AFFECTUS	INSPIRATIO
EXPRESSIO	SENSUM
FLUIDITATEM	SPONTANEA
IMAGINATIO	VISIONES
IMAGO	VITALE

78 - Veicoli

```
M B M L G T H K J W M O A V Y S
H O U A O H C D A J J J C H W U
E B T A M W W A U X D R F Z F B
L Y A O S B R A T I S L Z T C W
I L T E R S U M A V I V F O O A
C P I W A O F L F N F R T E M Y
O O M V C J L F A V E H I V I Y
P R O Y J M H H T N O G R V T O
T T C E B Y X G Q G C B E F A J
E T I S T R A C T O R E S I T N
R I K C V D R D W V Z S Y F U E
L T O O M S U B M A R I N E M R
U O U O B U C K S S O P U H Y U
L R G T S Y P G D X L L O X S C
J I P E K W H Y G K O R S I A A
E X P R T A X I Y N D I C X V V
```

VIVAMUS   TIRES
AMBULANCE   ERUCA
CAR   SCOOTER
NAVI   SUBMARINE
DOLOR   TAXI
COMITATUM   PORTTITOR
HELICOPTER   TRACTOR
SUBWAY   COMITATU
MOTOR   RATIS

79 - Natura

```
P U L C H R I T U D O P Z X N Q
M L O S U S C I P I T T J U U P
A R C T I C Z X S V K E P J L X
N M U I R A U T C N A S E P U R
E Z E R W E N Q M X Z S S G C M
R T I L R H S B Q L N F N L R R
E M H A C K Z E F E R A U A G D
S Q A A P E S C D H O B B C W G
S A Q T U L L A Y H T D E I M C
I I F C T D P L D U A A S E X E
L L L R Q C R I M F B E S R K P
A A V V O C V G I L U P O A S Y
T M D W A N E O Y U M O N T E S
I I E U V G D W P M Z O U Z I C
V N J E E E I E T E V N X C J S
L A C I P O R T D N D Y D E K W
```

ANIMALIA
APES
ARCTIC
PULCHRITUDO
DESERTO
SUSCIPIT
EXESA
FLUMEN
FRONDE
SILVA

GLACIER
MONTES
CALIGO
NUBES
SANCTUARIUM
RUPES
FERA
SERENA
TROPICAL
VITALIS

80 - Balletto

```
M P L K H G Y H M X J M A D O D
E O V I Q C Q Q J U H L M B M C
T N I C O I J E W E S J X C V H
M U V I S S E R P X E C C I N O
U U V G L N V R N T L P U X V R
D T S X N E S I S I Y T Q L H E
N S R I S T C Z N C T M V A I O
E E A R C R M T R Y S U Z A V G
S G U B C A K X I E V R J A C R
N D D M H T Y B O O L O S K K A
E Z I N U M E R O Z N C G Y H P
C L T P B V A R T I S E A A F H
E R O T I S O P M O C D S G F Y
R A R T S E H C R O V I V O P U
H X E N I N T E N S I O N E M S
F N S E R O T A T L A S O N A U
```

ARTE
ARTIS
SOLO
SALTATORES
COMPOSITOR
CHOREOGRAPHY
EXPRESSIVUM
GESTU
DECORUM
INTENSIONEM

LECTIONES
MUSCULI
MUSICA
ORCHESTRA
USU
RECENSENDUM
AUDITORES
NUMERO
STYLE
ARS

81 - Paesi #1

```
A O N O P I C E A N V G N F I N
A T O T E R N X K V K J S K K I
K P R U M A Y B I L D P Y Z I S
B Y W W N Q D A F R N K X Z B R
G G A M P C N C C D A L V J O A
M E Y W J N L I Z A R B Q P C H
T A R T U F A K A I N A M O R E
C V U M B M Z M L D Z A C R J L
L I N R A W P W Y N Q U D Y X U
V G I A I N A P S I H Q E A P Q
P W E Y A T I S E N E G A L I A
M A L I Q L A A C A M B O D I A
O C Y M Y T D N A L N I F Q A T
G T T G I A L O I T E N E V D T
D P O L O N I A M A N A P Q L S
V I E T N A M T X J K W H M B W
```

BRAZIL	MALI
CAMBODIA	MAURITANIA
CANADA	NORWAY
AEGYPTO	PANAMA
FINLAND	POLONIA
GERMANIA	ROMANIA
INDIA	SENEGALIA
IRAQ	HISPANIA
ISRAHEL	VENETIOLA
LIBYA	VIETNAM

82 - Geometria

```
C I A S I L A C I T R E V P U G
P I G L C F P A O K H M X X S Y
R T R G J X Z X P G A E X U U R
O R N C D I A M Z G N I O Z N M
P I U W U F U A S G C V R A M
O A M O C L C Q E E U I E P I E
R N E C E H U T Q G L F S R D A
T G R U J U W S U M U R T A E C
I U U R N G Q U A E S E I E M I
O L S V W C G L T N Q P B D U G
K U K A N B A U I T R U U I E O
G M V T H D P C O U A S L T M L
P A R A L L E L A M T I U I H G
F P O U K M N A B L I P M S J M
J A E E X E F C Q B O E C M B K
E V L Z G R A L T I T U D O O T
```

ALTITUDO

ANGULUS

CALCULUS

CIRCULUS

CURVA

DIAM

RATIO

AEQUATIO

LOGICA

MEDIANUS

NUMERUS

VESTIBULUM

PARALLELA

PROPORTIO

SEGMENTUM

PRAEDITIS

SUPERFICIEM

THEORIA

TRIANGULUM

VERTICALIS

83 - Foresta Pluviale

```
I  Q  C  X  P  M  U  S  C  U  S  E  B  U  N  J
M  U  S  O  I  T  E  R  P  X  H  K  A  T  X  X
E  A  E  A  M  P  V  T  S  C  A  E  L  I  H  M
G  N  I  A  E  M  F  E  R  A  P  W  D  I  Z  N
N  T  C  M  R  Z  U  P  U  U  L  T  C  B  G  A
U  U  E  P  E  B  E  N  L  S  N  U  T  S  X  T
L  M  P  H  F  V  F  G  I  A  P  C  T  B  D  U
L  W  S  I  U  A  Z  N  Y  T  Z  Y  A  E  C  R
A  Y  R  B  G  T  O  K  J  I  A  W  Q  T  M  A
M  X  H  I  I  C  T  P  A  S  C  S  B  C  I  Q
R  O  M  A  U  E  M  I  F  R  I  V  Z  Q  A  S
O  A  O  A  M  S  D  G  P  E  N  O  Z  F  M  D
Q  H  O  P  Z  N  R  S  E  V  A  Q  T  U  A  U
S  M  E  N  O  I  T  U  T  I  T  S  E  R  B  S
D  K  B  S  R  R  U  G  V  D  O  W  D  X  Y  P
A  J  B  R  M  V  U  Y  S  K  B  J  H  R  K  P
```

AMPHIBIA	NATURA
BOTANICA	NUBES
CAELI	PRETIOSUM
COMMUNITAS	RESTITUTIONEM
DIVERSITAS	REFUGIUM
TRUNCATIS	QUANTUM
INSECTA	SALUTEM
NULLAM	SPECIES
MUSCUS	AVES

84 - Edifici

```
T N M O R F M Y M U I D A T S S
O U U Y Y S U R M D U I S A C Y
T G R L O W S O A W W U I B H D
U X T R L G E T R F Z L L E O N
J L A T I A U C E K Y V A R L M
M U E E H S M A M X T Y T N A Z
X H H M B F E F A P I D I A J Q
V R T S P U N F C W S S P C C D
F O R U M O O J F W R W S U A T
R S F P U G I L Q I E C O L S W
V T T C E B T H B D V O H U T G
O B S E R V A T O R I U M M R J
H O Y D R P G T J G N A O J U P
L U K V O A E R N Z U T I D M X
Q J O X H Q L E T O H I L X E S
F A W Z C O H O S P I C I O F D
```

LEGATIONEM
DUIS
CAMERAM
CASTRUM
FACTORY
FARM
HORREUM
HOTEL
NULLA
MUSEUM

HOSPITALIS
OBSERVATORIUM
HOSPICIO
SCHOLA
STADIUM
FORUM
THEATRUM
TABERNACULUM
TURRIS
UNIVERSITY

85 - Malattia

```
L A I R E T C A B W D O M T A G
L U C M N E U R O P A T H I A U
W S M U O I T A M M A L F N I T
X J M B T K P R O C B E M E H O
S U A B O I I S I N I M O D B A
I S C Z U R S O I T S A L S H S
S T Q E N J U A R N I F H O E Y
O O C J S N S M O S S C S S R N
I M M U N I T A T E M V U B E D
G S T P E H P M A I M O P M D R
A G Z Z G G F R R G S R R E I O
T W Y Y O C A I I R S V O T T M
N B Y D H Y L F P E I O C U A E
O E W J T X X N S L N Z Y L R X
C B S W A R R I E L A H S A I G
W X Y U P L I O R A H T U S A S
```

ACUTIS
ABDOMINIS
ALLERGIES
BACTERIAL
CONTAGIOSIS
CORPUS
COR
INFIRMA
HEREDITARIA
TRITICUM

IMMUNITATEM
INFLAMMATIO
LUMBORUM
NEUROPATHIA
PATHOGENS
RESPIRATORII
SALUTEM
SYNDROME
JUSTO

86 - Paesi #2

```
J  J  Q  Q  C  D  U  A  E  S  T  T  P  P  S  A
M  E  W  X  O  E  A  I  V  Y  Y  F  I  P  O  E
N  I  G  E  R  I  A  N  M  T  T  R  Q  H  M  T
U  C  R  A  I  N  A  A  I  X  E  P  I  Q  A  H
X  O  I  M  C  D  E  B  L  A  Q  A  C  A  L  I
Z  C  Z  C  P  Q  S  L  P  I  E  M  I  L  I  O
H  I  B  E  R  N  I  A  I  S  S  U  R  A  A  P
V  X  I  X  C  V  E  I  G  E  N  L  U  O  P  I
G  E  K  M  C  D  X  N  R  N  E  I  G  S  D  A
X  M  Q  R  Z  Y  R  A  A  O  P  B  A  F  A  Z
J  A  M  A  I  C  A  D  E  D  A  E  N  J  X  O
D  L  D  M  P  J  Y  U  C  N  L  R  D  N  O  J
H  A  I  T  I  A  A  S  I  I  D  I  A  A  C  V
B  C  Q  V  E  W  U  P  A  O  H  A  R  X  H  R
K  I  L  V  O  Y  L  P  A  B  S  A  R  J  O  O
K  Q  S  V  O  L  I  O  I  N  E  K  Y  E  Z  I
```

ALBANIA   LIBERIA
DANIAE   MEXICO
AETHIOPIA   NEPAL
JAMAICA   NIGERIA
JAPAN   RUSSIA
GRAECIA   SYRIA
HAITIA   SOMALIA
INDONESIA   SUDANIA
HIBERNIA   UCRAINA
LAOS   UGANDA

87 - Tipi di Capelli

```
C O L O R A T U M U C C I S F T
Y A R G I C Y T U L O U W Y W N
Y P L Y J C A V Z F E F J Y E R
T L M B M S Q I M O U N S S H B
C R U S U V L A C S Q O I U P W
G V T I R S M N G M I Z V S E D
V H N T G I C F I F N U A S A R
L O E R I L R C G J E N L A Y R
R B G O N L I G I R D H F R B Q
Q P R T T O S C L N H H L C P E
W P A G X M P D J W C S A N U S
A P V H P W U I Z O W I T S X I
O F B B J X S U Z R B L N C B S
D F Z V R Y Y L H B M B T N D A
R X Q G A J P T E N U I S L I R
H B G T Q K C G Z X U J Q W E S
```

ARGENTUM	CRUS
SICCUM	DIU
ALBUS	BROWN
FLAVIS	MOLLIS
DENIQUE	NIGRUM
CALVUS	CRISPUS
COLORATUM	CINCINNIS
GRAY	SANUS
TORTIS	TENUIS
LENIS	CRASSUS

88 - Vestiti

```
B H Y R Y J J D L G O K C D H R
G A Y E G F A I L A I B I T A P
V T Q N T Q C A R J L L N E B L
C J M O R E K O Y V N M G W I A
H O G Y I Z E B S Y F O U M T C
L O A Q H W T Q U V C N L E U I
T U H T S W E A T E R I U D B N
C Z M S A Y B A S C G L M Y R I
W E B A M Q J R E J V E U M E A
S A N D A L I A A S O L E A S Q
A V F A L B X Y C C T P E L U L
M O K R L R N Q I V C C Q H O N
A V J W I L O K J D O A Z C L C
J J Z D M M U X G A S H E T B P
A G Q J R Z Z N Q M L G S F Z T
P A F Y A D I A D M E R L K Q J
```

HABITU
ARMILLAM
TIBIALIA
BLOUSE
SHIRT
HAT
COAT
CINGULUM
MONILE
JACKET

LACINIA
CAESTUS
SWEATER
MORE
BRACCAE
SOLEAS
PAJAMAS
SANDALIA
NULLA NEC
CHLAMYDEM

89 - Attività e Tempo Libero

```
M  G  S  H  H  D  I  G  N  I  S  S  I  M  Y  N
K  O  D  P  E  O  S  G  R  G  R  T  J  A  M  F
O  L  S  C  P  T  B  Y  C  K  O  L  A  R  D  G
G  F  N  U  A  Q  B  W  F  M  V  W  T  S  T
K  W  Z  R  W  U  X  E  I  D  N  A  C  S  I  P
J  Z  Q  J  N  Q  B  J  E  E  M  L  R  A  M  D
Z  B  K  S  X  E  S  D  I  C  S  A  O  C  L  R
Z  Z  J  Z  T  S  M  R  B  O  X  I  N  G  L  U
Q  V  G  N  I  E  D  R  A  G  G  J  D  A  C
T  K  J  K  U  O  C  C  H  D  V  T  Y  E  B  B
R  U  Q  R  O  C  T  R  I  S  T  I  Q  U  E  F
A  Z  D  S  E  I  C  I  F  R  E  P  U  S  S  G
V  P  U  L  V  I  N  A  R  N  T  X  Z  M  A  L
E  Y  P  I  C  T  U  R  A  E  E  L  A  Y  B  F
L  L  O  X  V  Q  G  V  U  S  M  D  U  W  B  Q
E  J  Z  K  E  Y  S  E  T  N  A  T  A  N  P  S
```

ES	CONSEQUAT
BASEBALL	NATANTES
ULTRICES	PULVINAR
BOXING	PISCANDI
DIGNISSIM	PICTURA
CASTRA	AMET
GARDENING	SUPERFICIES
GOLF	TRISTIQUE
HOBBIES	TRAVEL

90 - Meteo

```
F T N A T N G M M B Z P C D I W
I E R U J O B R U T A K A D U Z
N M B D B T R T K I E H E C I Z
Y P G F E E O T J U R A L O P D
T E Y S S T S U O I I E I D O Q
G S I R U A M Q B R S T Z B U P
B T R W T C A L I G O L W R Y B
T A Y Q N R U G L U F A U R A X
B S R B E E O S I C C I T A T E
P V R Y V W G P R D W S W P B R
X G T J M V I S I G F E W Z O Q
S I C C U M C N F C N T Z E W H
G E P G L D I A N M A E A Q O P
L E K Y E T T D Q Q B L R Q R D
F Q P E A L L E C O R P Z O F F
S L D R C T A T O N I T R U A S
```

MAURIS	NUBES
SICCUM	POLAR
AERIS	SICCITATE
AURA	TORTOR
CAELUM	TEMPESTAS
CAELI	TURBO
FULGUR	TROPICAL
ICE	TONITRUA
ETESIA	PROCELLAE
CALIGO	VENTUS

91 - Corpo Umano

```
M U H C A M O T S G F C C B M S
H A G E N U S Q R J A O U H E A
F U N E K M S R Q Z C L T Q N N
O C M U R B E R E C I L I Y T G
R R N E Z F F O I O E U S Z U U
E Y M A R J Q U T R M M V Q M I
J F S I R U A U N H N F P C N
F P X K M I M N O C U L U S R E
B I Y Y C Z B P B D T B M U U M
D I G I T U S U U G I F P T S T
V U M J U U S V S H J O E I A A
K E M D P W T G G S K B M B C R
Y N K T A W R M Z A I I Z U D S
R Y R U C S F O B Y X N F C P O
U D R E A B Z X G F A M Y Y W A
K O S D N F V E B N Y S L Z K R
```

ORE
TARSO
CEREBRUM
COLLUM
COR
DIGITUS
FACIEM
CRUS
GENU
CUBITUS

MANU
MENTUM
NARIBUS
OCULUS
AURIS
CUTIS
SANGUINEM
HUMERUM
STOMACHUM
CAPUT

92 - Mammiferi

```
F  E  L  I  S  U  S  R  U  X  A  W  S  O  A  X
X  Q  G  N  E  I  A  R  B  E  Z  Z  T  H  B  V
B  P  X  I  P  U  N  L  E  P  U  S  C  G  Z  J
Q  B  A  H  L  V  E  A  I  M  I  S  R  N  B  H
C  J  Z  P  U  P  L  R  C  F  M  Z  A  M  O
A  A  K  L  V  O  A  E  R  X  J  Z  P  P  A  D
C  M  A  E  O  R  B  H  X  O  R  U  O  M  C  D
N  Z  I  D  Y  C  R  T  H  R  F  M  D  B  R  O
J  C  G  W  S  I  T  N  A  H  P  E  L  E  O  R
U  E  C  Z  I  V  B  A  T  A  U  R  U  S  P  Y
S  R  M  O  Q  F  F  P  B  E  V  I  P  J  U  W
K  V  K  E  Y  L  U  P  U  S  Q  C  U  E  S  P
H  U  B  L  V  O  I  Z  E  O  I  U  G  F  Y  X
U  S  E  V  O  A  T  V  F  U  B  B  U  S  N  K
U  O  R  C  J  S  R  E  W  Y  B  I  H  S  Q  Y
C  B  S  C  P  V  S  Y  B  M  A  F  L  X  I  E
```

BALENA	PANTHERA
CANIS	ORCI
MACROPUS	LEO
EQUUS	LUPUS
CERVUS	URSUS
LEPUS	OVES
COYOTE	SIMIA
DELPHINI	TAURUS
ELEPHANTIS	VULPES
FELIS	ZEBRA

93 - Giardinaggio

```
C  L  J  B  I  F  I  F  Q  X  Y  Z  S  S  Q  Q
O  E  D  N  O  R  F  L  I  R  V  F  T  O  H  O
N  S  X  I  F  M  H  O  T  U  L  O  E  L  A  M
T  O  W  O  W  L  P  R  M  N  R  L  R  O  D  B
I  H  J  C  T  N  S  A  U  Q  A  I  C  X  I  Q
N  U  G  P  W  I  T  L  C  W  U  U  U  R  P  V
E  F  C  A  I  A  C  I  B  T  I  M  S  Y  I  W
N  G  Z  W  Y  N  F  B  B  O  F  E  X  L  S  D
S  I  I  V  S  I  L  U  D  E  T  E  Y  U  C  W
Z  G  K  R  O  M  U  S  J  E  R  A  U  J  I  V
R  U  H  E  L  E  L  E  O  K  W  O  N  I  N  F
R  J  X  K  F  S  B  I  O  I  B  N  L  I  G  M
O  R  C  H  A  R  D  C  I  A  P  O  D  F  C  S
T  P  R  C  L  U  C  E  R  G  M  Y  U  A  M  A
U  O  D  U  V  G  I  P  M  J  C  A  E  L  I  U
B  D  T  P  D  S  W  S  L  X  T  C  I  Q  C  P
```

AQUA	FRONDE
BOTANICA	ORCHARD
CAELI	FLOS
EDULIS	SEMINA
STERCUS	SPECIES
CONTINENS	LUTO
EXOTIC	ADIPISCING
FLOREBIT	SOLO
FLORALIBUS	HOSE
FOLIUM	UMOR

94 - Universo

```
H A E Q U I N O C T I U M N C J
V O D U T I T A L N A E A N O A
F G R S T U V D Q R U A P E S P
L M R I D W M S O L A R I S M P
M E L N Z G S Y I H U B Q J I A
D D M I W O W C A T B E G Z C R
I I N D D S N O V X S N S L A E
K O T U C A E L U M F E A J M T
H R P T Z O D I A C E T L T N X
H E M I S P H A E R I O L E U N
T T N G A K I I S X L N U U A G
Q S R N E H P X X I I Y N N T C
V A O O R J G A A P U U A H I B
W E X L I U Q L E I G A U A B Y
J I P I S X H A W Q O Z P N R X
R S X G K Q L G J V D R Y B O Q
```

ASTEROIDEM
AERIS
TENEBRAE
CAELESTIS
CAELUM
COSMICAM
HEMISPHAERIO
GALAXIA
LATITUDO

LONGITUDINIS
LUNA
ORBITA
HORIZON
SOLARIS
AEQUINOCTIUM
APPARET
ZODIAC

95 - Jazz

```
G T K J S I N V B W Y E J S R Q
M E B B F M O I T I S O P M O C
U L N M V P V H Z S M X X U X B
S Y V U O R U O W Z X R W C Z F
I T E R S O M U B L A E D I C F
C S T O R V C O M P O S I T O R
A I U C A I O T G K B Z G N R W
G L S I V S U R A V K K F A E W
S I V S Q A L E C L F C U C M U
G B Z U W T D C G H E R R Y U N
O O B M F I F N M H E N N O N J
S N C Q U O L O M W L S T Q L T
C B Z M T N C C X C C E T U E N
T Y M P A N A D L U J A I R M J
F A V O R I T E S S E I Z J A N
X T V G K E A R T I F E X P Z F
```

ALBUM	MUSICA
ARTIFEX	MUSICORUM
TYMPANA	NOVUM
CANTICUM	ORCHESTRA
COMPOSITOR	FAVORITES
COMPOSITIO	NUMERO
CONCERT	STYLE
NOBILIS	TALENTUM
GENUS	ARS
IMPROVISATION	VETUS

96 - Vacanze #2

```
I  Q  X  O  E  K  A  E  N  S  Q  M  S  A  H  N
G  N  T  B  D  L  A  F  E  V  Q  N  Y  I  O  J
S  M  S  Y  M  P  M  C  O  P  I  T  E  R  T  T
O  Q  A  U  T  A  T  I  M  O  C  I  N  K  E  A
A  S  I  V  L  M  A  M  E  T  L  L  Y  H  L  Z
J  U  R  G  C  A  L  L  U  N  A  E  M  A  R  E
A  H  E  Q  L  D  Q  I  N  I  N  H  W  Q  J  U
H  P  F  O  F  X  Z  J  W  R  E  C  A  G  J  J
C  A  S  T  R  A  M  F  O  T  I  U  M  A  B  L
A  R  E  N  C  D  F  S  K  K  L  X  K  W  B  N
E  G  T  V  R  Z  D  O  I  M  A  G  I  N  E  S
B  N  N  F  U  T  I  H  I  Y  E  Z  A  I  N  Q
M  I  O  E  N  A  M  I  P  V  L  K  Z  O  I  O
S  S  M  A  U  X  K  E  M  J  L  S  A  P  K  J
L  I  S  F  O  I  U  S  T  L  K  M  C  P  Q  E
T  A  B  E  R  N  A  C  U  L  U  M  R  P  F  L
```

ELIT
CASTRA
IMAGINES
HOTEL
INSULA
MAP
MARE
MONTES
SINGRAPHUS
AMET

BEACH
ALIENA
TAXI
OTIUM
TABERNACULUM
NULLA
COMITATU
FERIAS
ITER
VISA

97 - Attività

```
V P E H T F D M T G M D F U M C
C S U T U R A I K Y D A R T E O
U A R U T C I P O D Q I O C N N
J P S O D U L F Y X K G P O O S
H O I T C E L Z T F G A B M I E
O F Z S R N P M A L M M K M T Q
Y D B E C A Q Z W C E U F O A U
D G U T T A G X O D T L W D N A
X B D R O N N U A J A I G I E T
Z F W A O W I D X E T L O S V C
K N I T T I N G I S P R E T O F
V A K H U M E U Z M U I T O A R
Q H B K Q U D P C B L F M Z V Y
M V V F Q Y R S O B O W C D P W
A V N K Z D A S B O V I D G B R
M M U V M B G C F V V R T A P V
```

ARTE
ES
ARTES
ACTIO
VENATIONE
CASTRA
SUTURA
CONSEQUAT
GARDENING

LUDOS
COMMODIS
LECTIO
MAGIA
KNITTING
PISCANDI
VOLUPTATEM
PICTURA
OTIUM

98 - Diplomazia

```
D I P L O M A T I C A E I M C S
F C F J W U D N K V T H U T I O
I O L D D R I T I G S M S I V L
M M G X C O S E A Q E Z T A I U
P M E E Z C P O Z B C M I I L T
E U P T R I U X P R U E T J I I
R N L A G H T Y A A R N I O S O
I I H T Z T A Q J O I O A I S I
U T M I Z E T P S I T I I T F E
M A U R X I I S U T A T C A R T
Z S N G E V O E T U T A W R H M
I A E E E K N V A L E G E E U F
A U C T O R E I G O M E A P J C
E D Q N R I M C E S I L J O X A
P O L I T I C A L E S Z Q O W E
C E R T A M E N Q R I Y Y C L S
```

LEGATIONEM   ETHICORUM
LEGATUS   IUSTITIA
CIVES   IMPERIUM
CIVILIS   INTEGRITATE
COMMUNITAS   POLITICA
CERTAMEN   RESOLUTIO
AUCTOR   SECURITATEM
COOPERATIO   SOLUTIO
DIPLOMATICAE   TRACTATUS
DISPUTATIONEM

99 - Forniture Artistiche

```
C O M C M U E L O V K Q K E N J
O A U M A R E M A C X V Z U T U
T M T I S R C H A R T A A G L H
I D U H N K B R P L P P W Q M Q
U O L E E F V O E L E D A P U J
M N Q T M D G E N O H R T E T A
Y E I L F C R G E E C Q E R N C
J C L B M P B A T C S T R T E O
J W L O E O I K U T E C C E M Q
M U I R A S S O L G R W O R A Z
J Y C B E Y J V G Z O K L G R G
K H I G U K W Z E Y L X O E T G
W Q N N Z T T X V B O Z R T A Y
I B E O Z A A G Y N C T S P L E
Q B P V U V T B X I M W O M E X
X Y E Y G Q E J E V W W Q A N P
```

AQUA
WATERCOLORS
DONEC
LUTUM
CARBONES
CHARTA
OTIUM
GLUTEN
COLORES

GLOSSARIUM
DELEO
ATRAMENTUM
PENICILLI
OLEUM
CATHEDRA
PERTERGET
MENSAM
CAMERA

100 - Misurazioni

```
M  L  M  R  E  T  E  M  I  T  N  E  C  V  S  H
I  R  A  E  T  Y  B  C  B  B  O  U  X  D  E  L
N  L  R  T  Z  P  W  C  W  P  T  W  T  J  X  H
U  D  G  E  I  Y  O  G  V  W  R  Y  M  Z  T  P
T  Z  X  M  L  T  R  Q  R  S  H  E  A  C  A  R
I  Q  R  O  I  M  U  D  N  U  F  O  R  P  R  E
S  C  X  L  T  S  U  D  A  R  G  O  G  D  I  A
P  R  B  I  E  B  G  B  O  S  Z  T  O  D  U  L
T  U  C  K  R  X  S  Y  G  E  B  E  L  O  M  T
L  O  N  G  I  T  U  D  O  L  P  L  I  R  A  I
F  B  C  I  N  C  H  G  A  A  G  O  K  B  I  T
L  D  I  X  P  N  B  V  S  M  X  M  N  A  C  U
M  A  S  S  A  M  E  T  R  I  R  K  Q  D  N  D
T  Z  L  R  A  F  V  D  Q  C  G  Y  E  V  U  O
P  Q  I  D  O  R  X  Z  Z  E  V  D  N  U  R  S
N  W  W  I  A  K  I  K  T  D  E  X  D  Y  K  Z
```

ALTITUDO	LONGITUDO
BYTE	MASSA
CENTIMETER	METRI
KILOGRAM	MINUTIS
KILOMETER	UNCIAM
DECIMALES	PONDUS
GRADUS	SEXTARIUM
GRAM	INCH
LATITUDO	PROFUNDUM
LITER	TON

1 - Scacchi

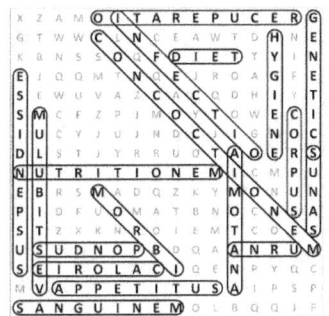

2 - Salute e Benessere #2

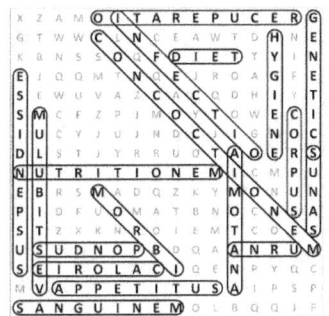

3 - Aggettivi #2

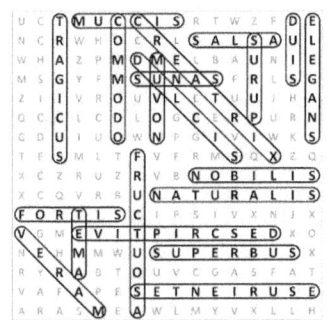

4 - Pesca

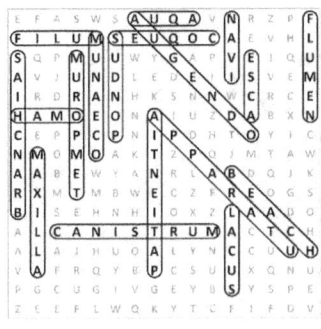

5 - Ingegneria

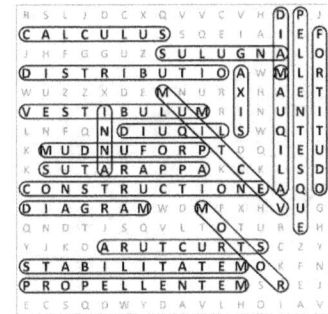

6 - Archeologia

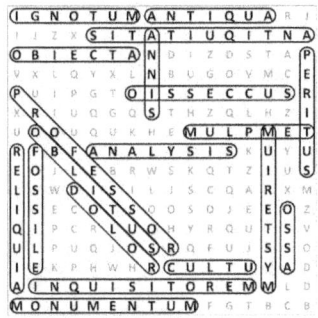

7 - Salute e Benessere #1

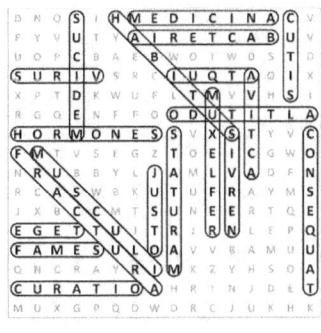

8 - Aggettivi #1

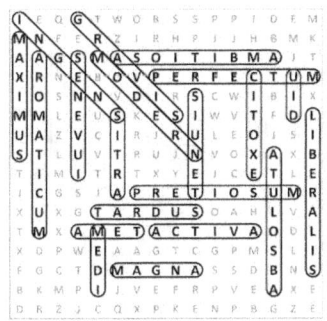

9 - Geologia

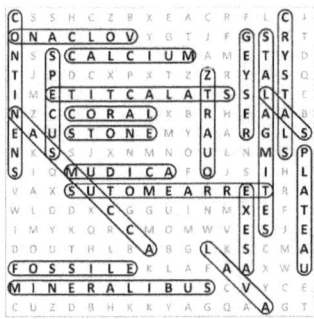

10 - Campeggio

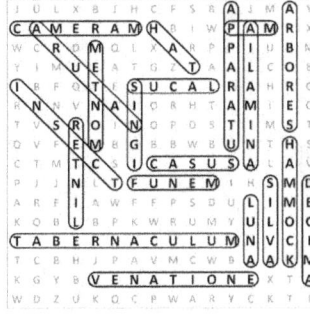

11 - Arti Visive

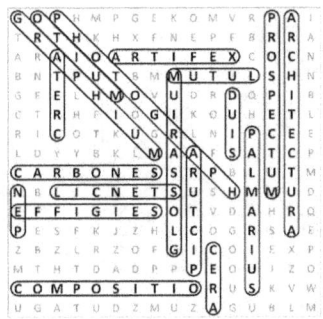

12 - Tempo

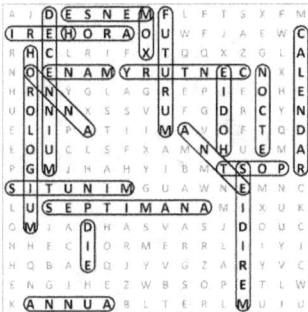

13 - Astronomia

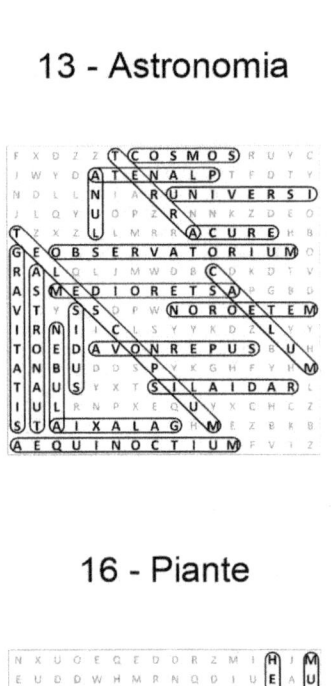

14 - Algebra

15 - Mitologia

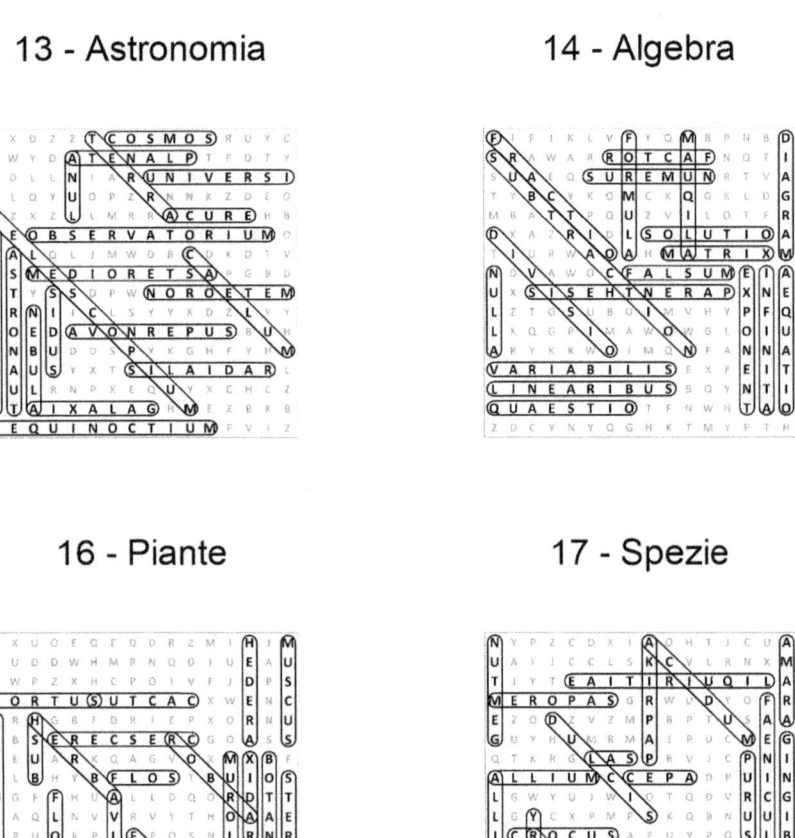

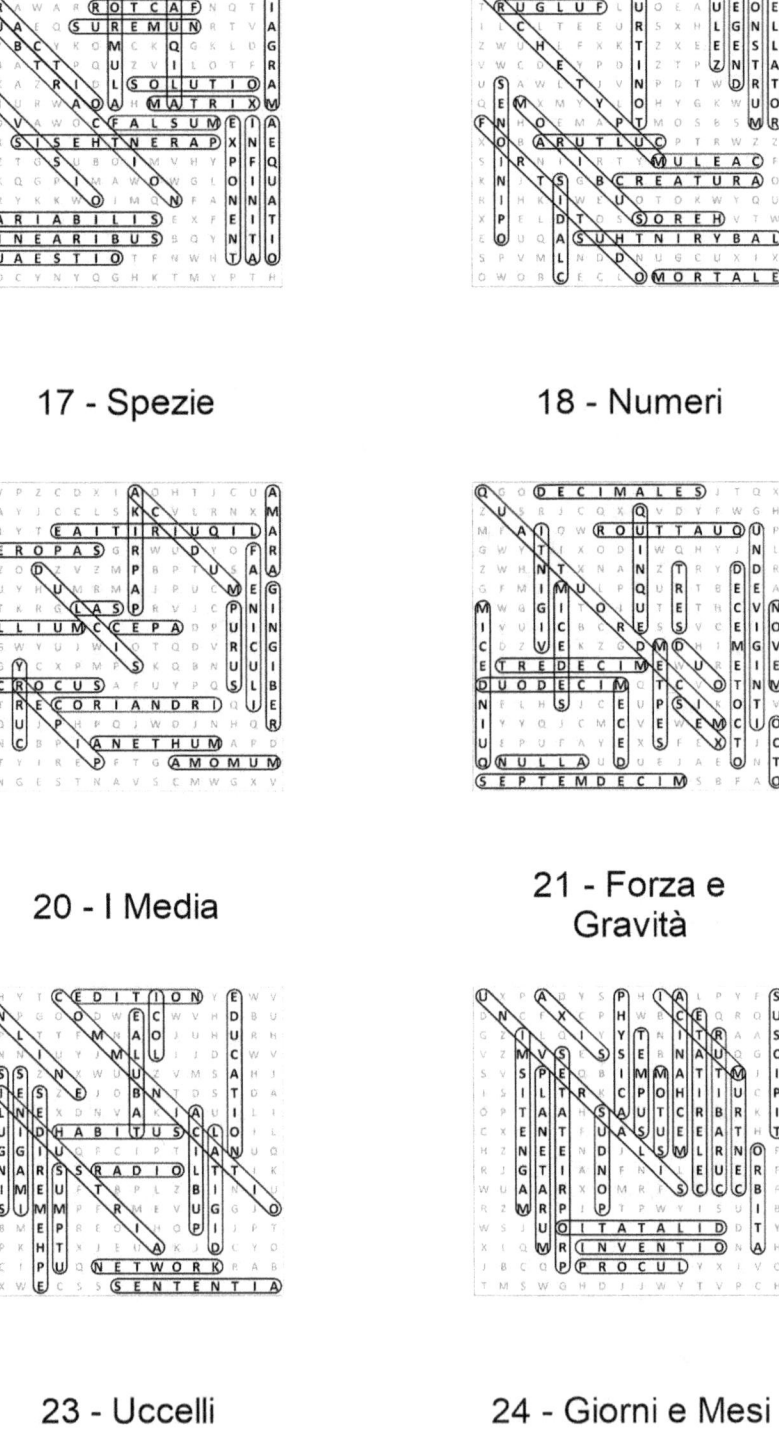

16 - Piante

17 - Spezie

18 - Numeri

19 - Guida

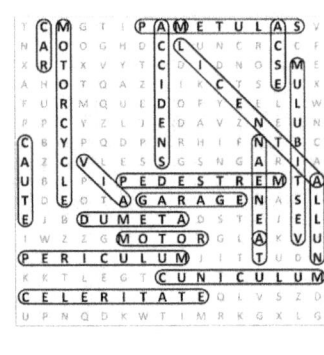

20 - I Media

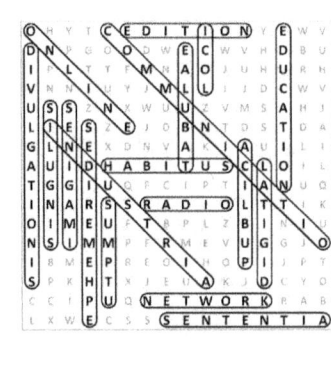

21 - Forza e Gravità

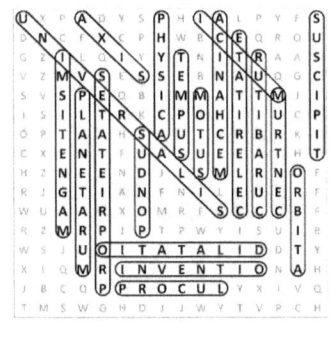

22 - Sport

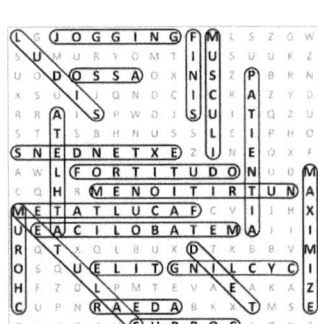

23 - Uccelli

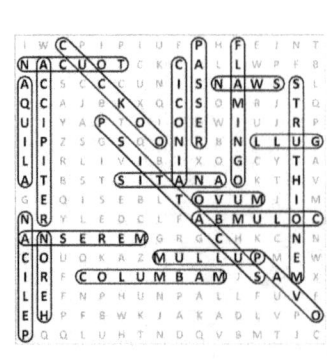

24 - Giorni e Mesi

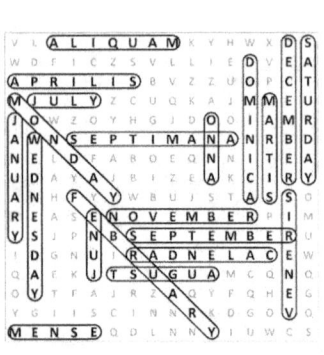

25 - Casa

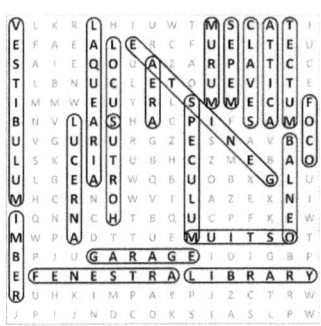

26 - Città

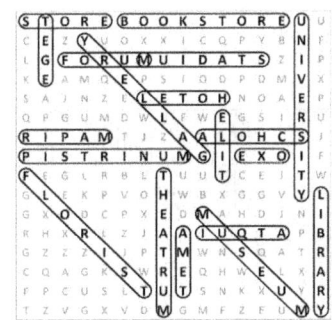

27 - Fattoria #1

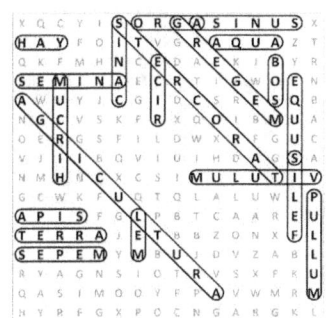

28 - Psicologia

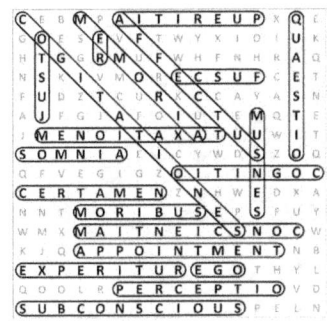

29 - Paesaggi

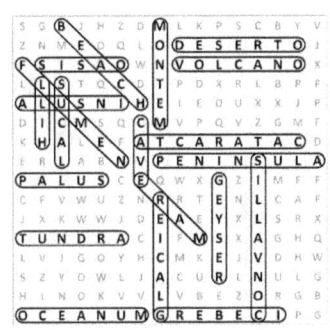

30 - Energia

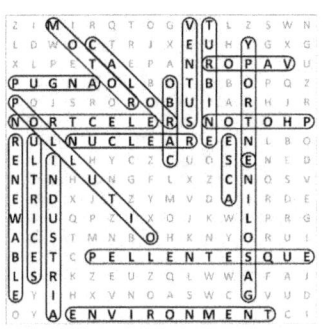

31 - Giardino

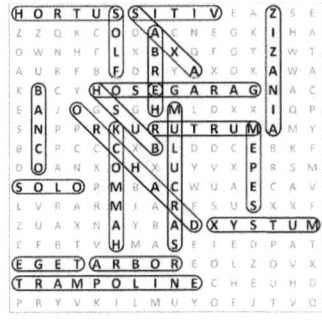

32 - Riscaldamento GI

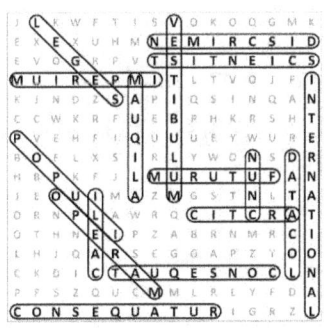

33 - Frutta

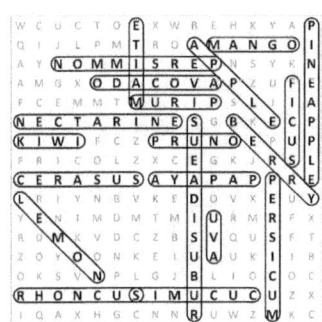

34 - Fattoria #2

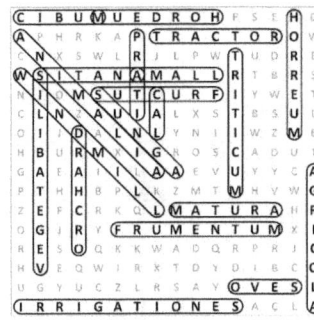

35 - Verdure

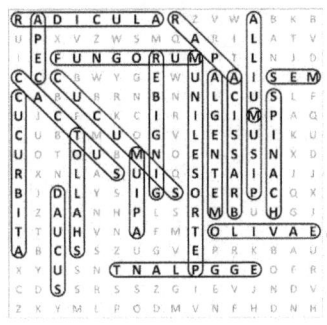

36 - Musica

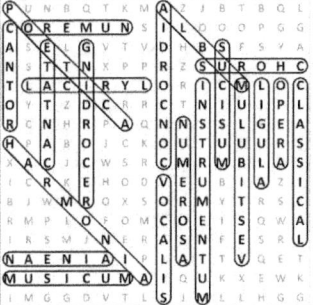

37 - Barbecue

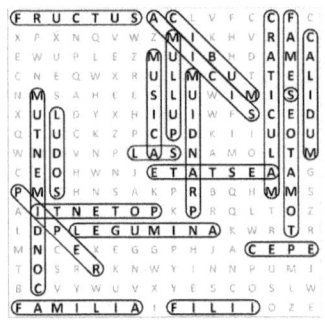

38 - Insetti

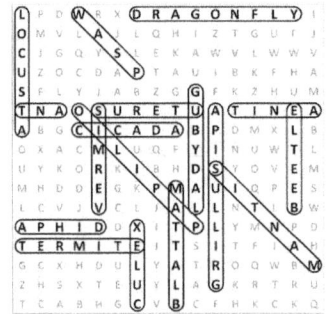

39 - Fisica

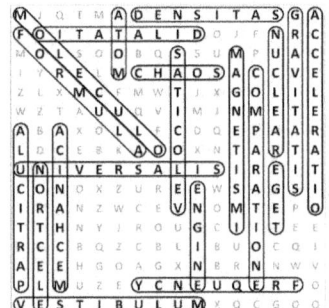

40 - Agronomia

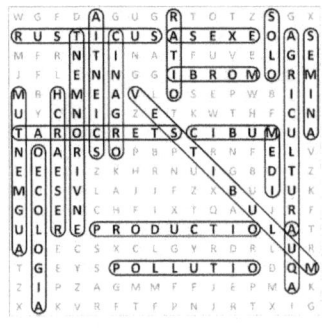

41 - Erboristeria

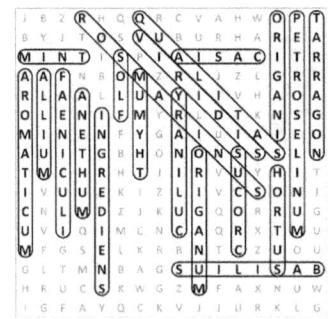

42 - Danza

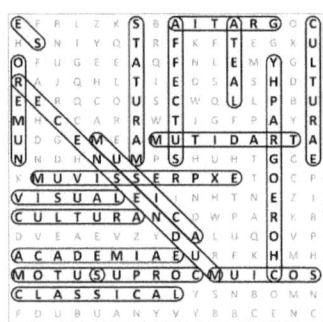

43 - Biologia

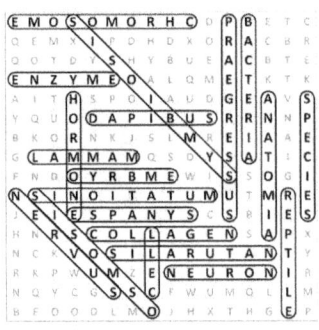

44 - Attività Commerciale

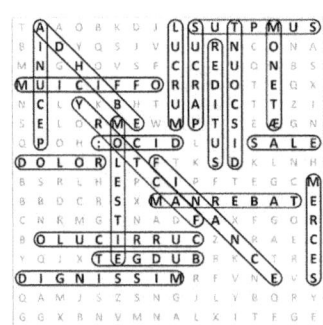

45 - Fiori

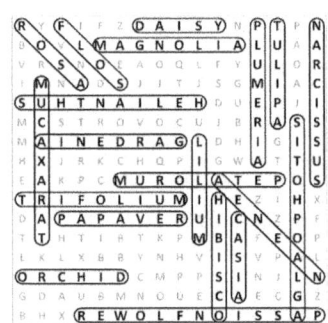

46 - Filantropia

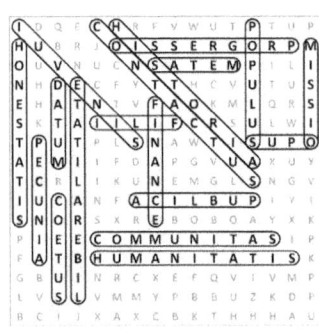

47 - Ecologia

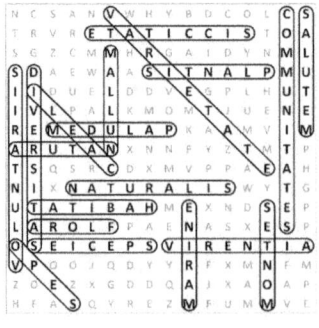

48 - Discipline Scientifiche

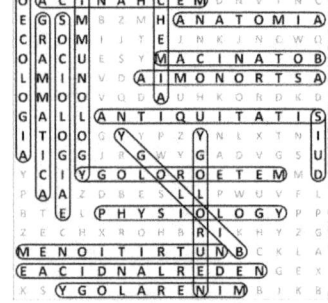

49 - Scienza

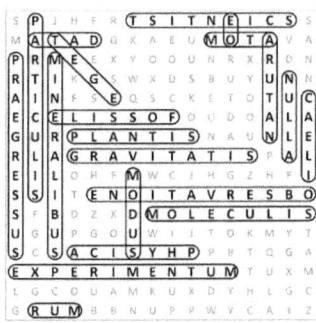

50 - Acqua

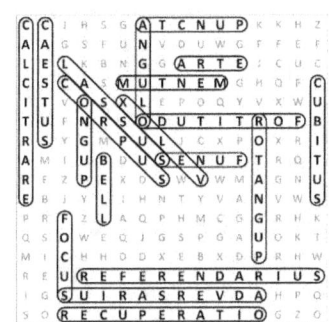

51 - Boxe

52 - Imbarcazioni

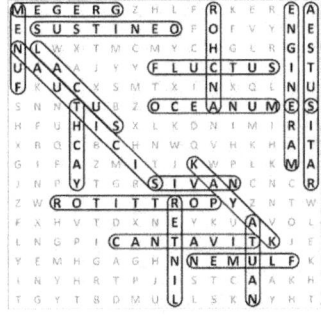

53 - Chimica

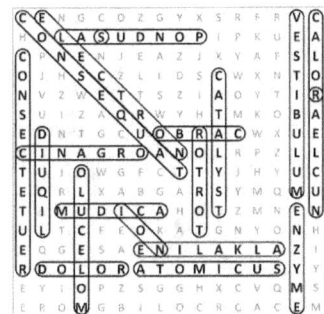

54 - Api

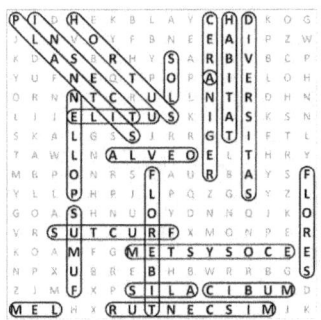

55 - Strumenti Musicali

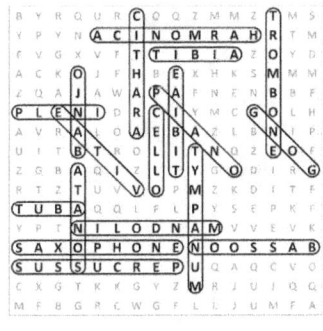

56 - Professioni #2

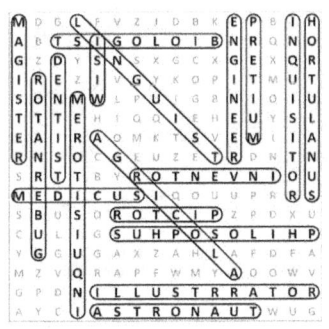

57 - Letteratura

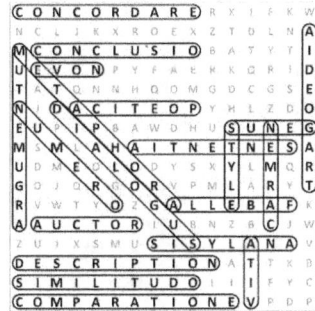

58 - Cibo #2

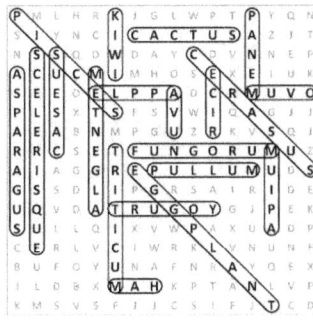

59 - Nutrizione

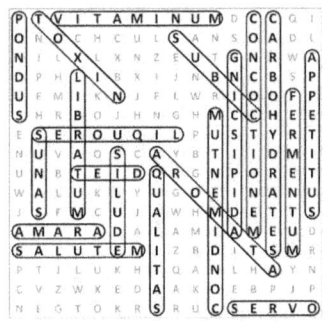

60 - Matematica

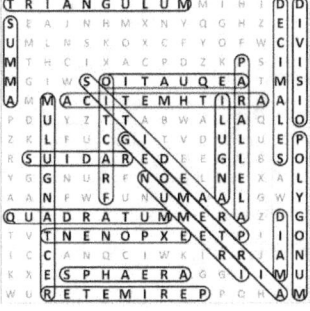

61 - Meditazione

62 - Antiquariato

63 - Escursionismo

64 - Professioni #1

65 - Antartide

66 - Libri

67 - Geografia

68 - Cibo #1

69 - Etica

70 - Aeroplani

71 - Governo

72 - Bellezza

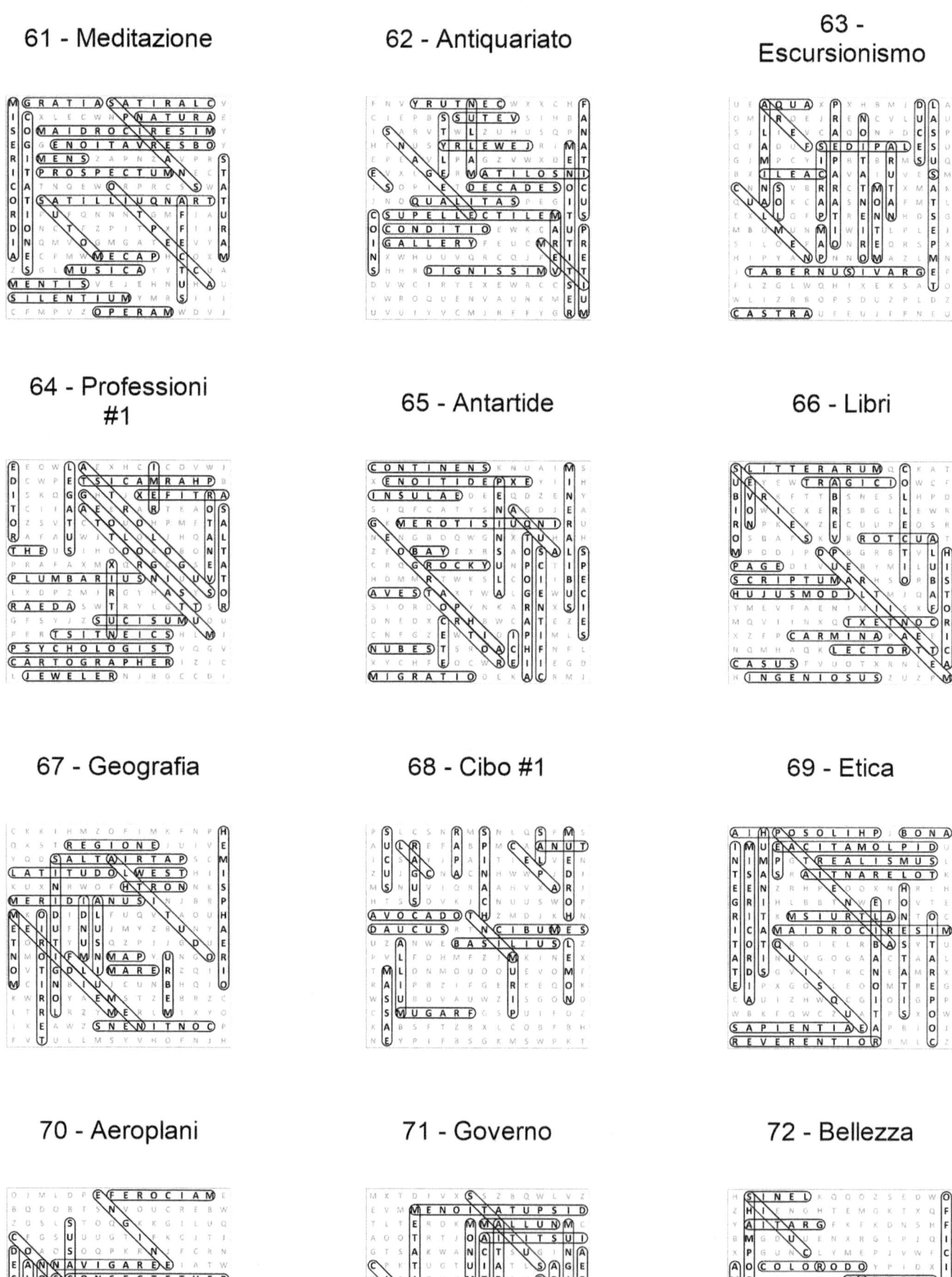

73 - Avventura

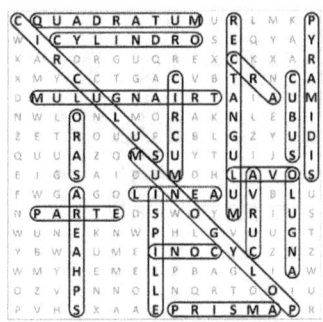

74 - Forme

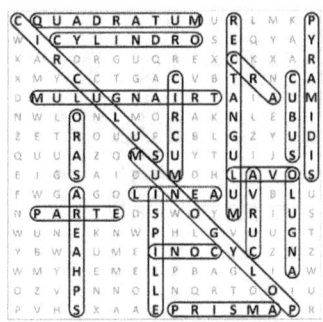

75 - Oceano

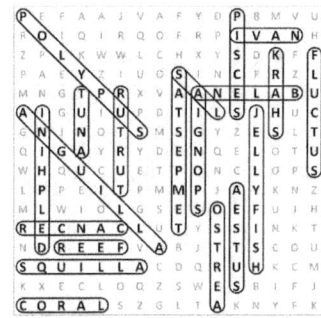

76 - Famiglia

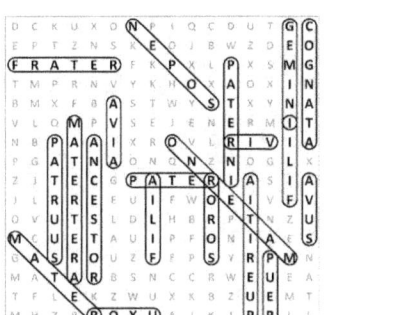

77 - Creatività

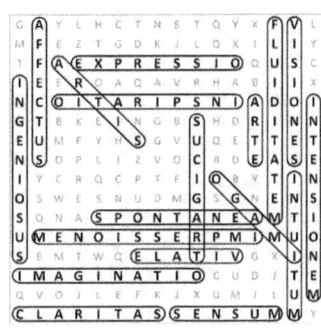

78 - Veicoli

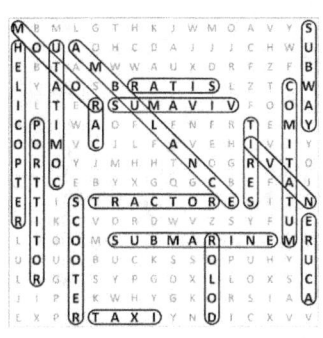

79 - Natura

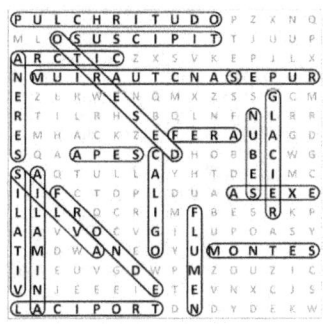

80 - Balletto

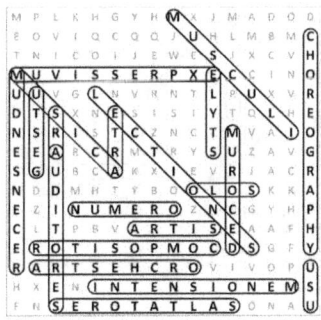

81 - Paesi #1

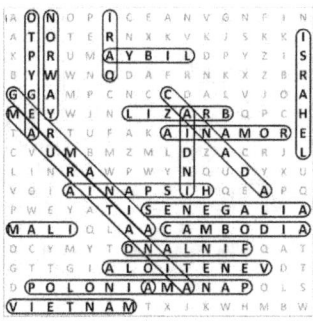

82 - Geometria

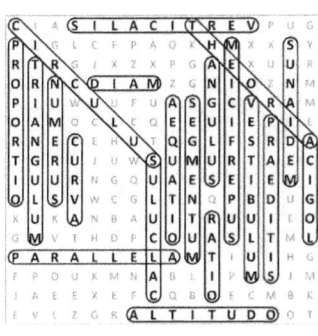

83 - Foresta Pluviale

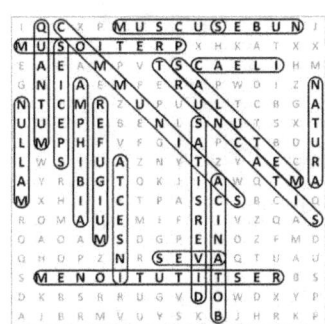

84 - Edifici

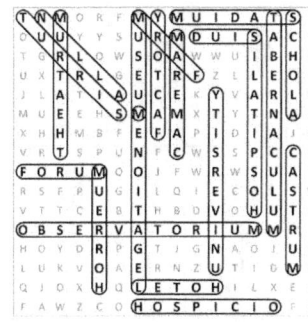

85 - Malattia

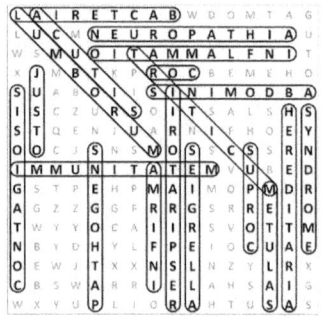

86 - Paesi #2

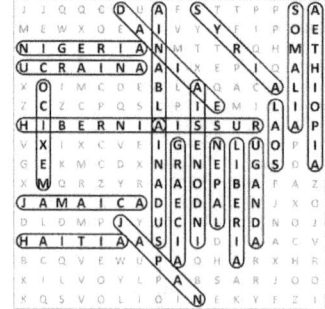

87 - Tipi di Capelli

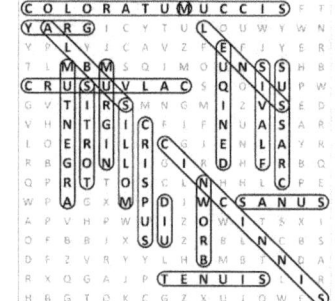

88 - Vestiti

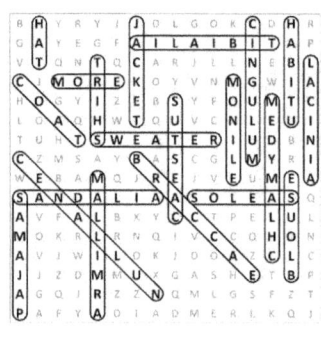

89 - Attività e Tempo Libero

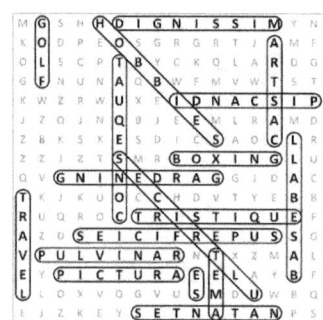

90 - Meteo

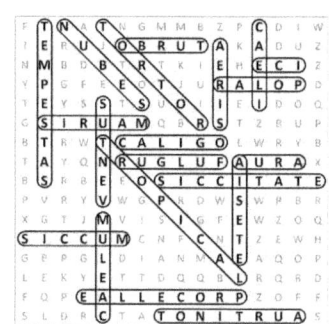

91 - Corpo Umano

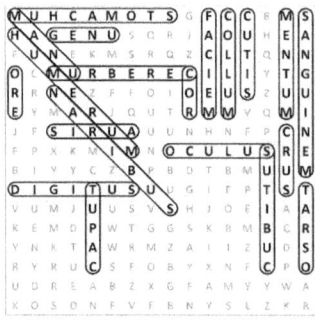

92 - Mammiferi

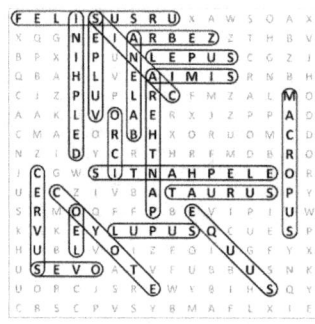

93 - Giardinaggio

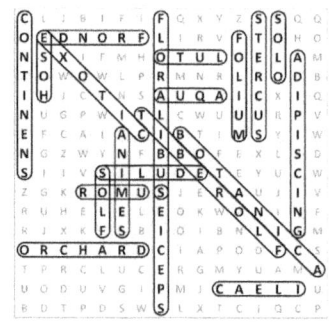

94 - Universo

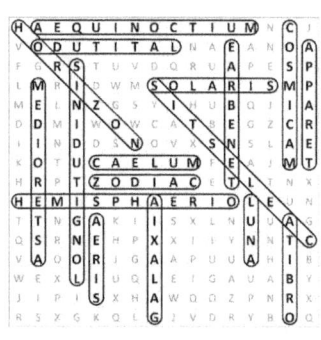

95 - Jazz

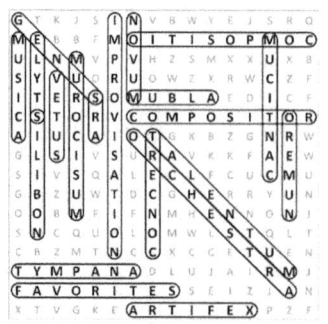

96 - Vacanze #2

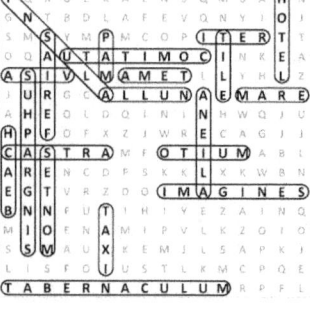

97 - Attività

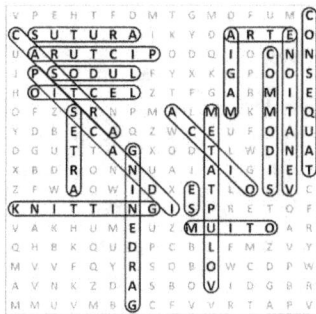

98 - Diplomazia

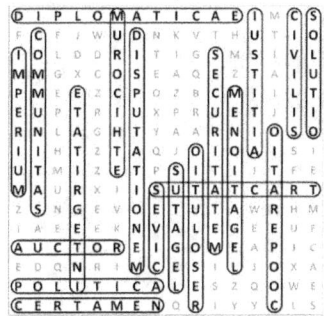

99 - Forniture Artistiche

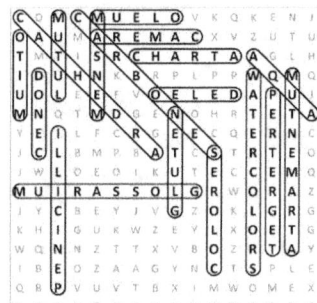

100 - Misurazioni

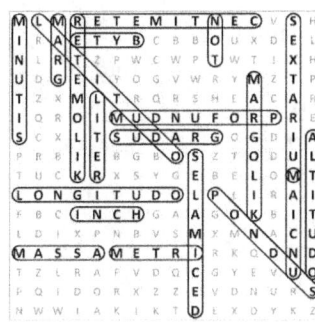

Dizionario

Acqua
Aqua

Alluvione	Diluvium
Canale	Canalis
Doccia	Imber
Evaporazione	Evaporatio
Fiume	Flumen
Gelo	Gelu
Geyser	Geyser
Ghiaccio	Ice
Irrigazione	Irrigationes
Lago	Lacus
Monsone	Etesia
Neve	Nix
Oceano	Oceanum
Onde	Fluctus
Pioggia	Pluvia
Potabile	Drinkable
Umidità	Humiditas
Umido	Humido
Uragano	Procellae
Vapore	Vapor

Aeroplani
Airplanes

Altezza	Altitudo
Aria	Aer
Atmosfera	Aeris
Atterraggio	Portum
Avventura	Casus
Carburante	Esca
Cielo	Caelum
Costruzione	Constructione
Design	Consilium
Direzione	Versus
Discesa	Descensus
Equipaggio	Cantavit
Idrogeno	Consectetuer
Motore	Engine
Navigare	Navigare
Palloncino	Balloon
Passeggero	Transeunte
Pilota	Gubernator
Storia	Historia
Turbolenza	Ferociam

Aggettivi #1
Adiectiva #1

Ambizioso	Ambitiosa
Aromatico	Aromaticum
Artistico	Artis
Assoluto	Absoluta
Attivo	Activa
Enorme	Ingens
Esotico	Exotic
Generoso	Liberalis
Giovane	Iuvenes
Grande	Magna
Identico	Idem
Importante	Maximus
Lento	Tardus
Lungo	Diu
Moderno	Modern
Onesto	Amet
Perfetto	Perfectum
Pesante	Gravis
Prezioso	Pretiosum
Sottile	Tenuis

Aggettivi #2
Adiectiva #2

Affamato	Esurientes
Asciutto	Siccum
Autentico	Veram
Creativo	Creatrix
Descrittivo	Descriptive
Dolce	Dulcis
Drammatico	Tragicus
Elegante	Elegans
Famoso	Nobilis
Forte	Fortis
Interessante	Commodo
Naturale	Naturalis
Normale	Duis
Nuovo	Novum
Orgoglioso	Superbus
Produttivo	Fructuosa
Puro	Purus
Responsabile	Amet
Salato	Salsa
Sano	Sanus

Agronomia
Agronomy

Acqua	Aqua
Agricoltura	Agricultura
Ambiente	Environment
Cibo	Cibum
Crescita	Augmentum
Ecologia	Oecologia
Energia	Vestibulum
Erosione	Exesa
Fertilizzante	Stercorat
Identificazione	Idem
Inquinamento	Pollutio
Malattie	Morbi
Organico	Organic
Produzione	Productio
Ricerca	Research
Rurale	Rusticus
Scienza	Scientia
Semi	Semina
Sistemi	Ratio
Suolo	Solo

Algebra
Algebra

Diagramma	Diagram
Divisione	Divisio
Equazione	Aequatio
Esponente	Exponent
Falso	Falsum
Fattore	Factor
Formula	Formula
Frazione	Fractio
Grafico	F
Infinito	Infinita
Lineare	Linearibus
Matrice	Matrix
Numero	Numerus
Parentesi	Parenthesis
Problema	Quaestio
Semplificare	Aliquam
Soluzione	Solutio
Sottrazione	Subtraction
Variabile	Variabilis
Zero	Nulla

Antartide
Antarctica

Acqua	Aqua
Ambiente	Environment
Baia	Bay
Balene	Cete
Continente	Continens
Geografia	Geographia
Ghiaccio	Ice
Isole	Insulae
Migrazione	Migratio
Minerali	Mineralibus
Nuvole	Nubes
Penisola	Peninsula
Ricercatore	Inquisitorem
Roccioso	Rocky
Scientifico	Scientific
Specie	Species
Spedizione	Expeditione
Temperatura	Tortor
Topografia	Topographia
Uccelli	Aves

Antiquariato
Antiques

Appassionato	Fanaticus
Arte	Es
Articolo	Item
Autentico	Veram
Condizione	Conditio
Decenni	Decades
Decorativo	Nullam
Elegante	Elegans
Galleria	Gallery
Gioiello	Jewelry
Insolito	Insolita
Investimento	Dignissim
Mobilio	Supellectilem
Monete	Coins
Prezzo	Pretium
Qualità	Qualitas
Restauro	Restitutionem
Secolo	Century
Stile	Style
Vecchio	Vetus

Api
Apes

Ali	Alis
Alveare	Alveo
Benefico	Utile
Cera	Cera
Cibo	Cibum
Diversità	Diversitas
Ecosistema	Ecosystem
Fiori	Flores
Fiorire	Florebit
Frutta	Fructus
Fumo	Fumus
Giardino	Hortus
Habitat	Habitat
Insetto	Insect
Miele	Mel
Piante	Plantis
Polline	Pollen
Regina	Regina
Sciame	Miscentur
Sole	Sol

Archeologia
Antiquitatis

Analisi	Analysis
Anni	Annis
Antichità	Antiquitatis
Antico	Antiqua
Civiltà	Cultu
Dimenticato	Oblitus
Discendente	Successio
Esperto	Peritus
Fossile	Fossile
Mistero	Mysterium
Oggetti	Obiecta
Ossa	Ossa
Professore	Professor
Reliquia	Reliquia
Ricercatore	Inquisitorem
Sconosciuto	Ignotum
Squadra	Dolor
Tempio	Templum
Tomba	Monumentum
Valutazione	Aestimatio

Arti Visive
Artibus

Architettura	Architectura
Argilla	Lutum
Artista	Artifex
Capolavoro	Palmarius
Carbone	Carbones
Cavalletto	Otium
Cera	Cera
Composizione	Compositio
Creatività	Glossarium
Film	Duis
Fotografia	Photograph
Gesso	Creta
Matita	Graphium
Penna	Pen
Pittura	Pictura
Prospettiva	Prospectum
Ritratto	Effigies
Stampino	Stencil

Astronomia
Astronomia

Asteroide	Asteroidem
Astronauta	Astronaut
Astronomo	Astrologus
Cielo	Caelum
Cosmo	Cosmos
Costellazione	Sidus
Equinozio	Aequinoctium
Galassia	Galaxia
Gravità	Gravitatis
Luna	Luna
Meteora	Meteoron
Nebulosa	Nebula
Osservatorio	Observatorium
Pianeta	Planeta
Radiazione	Radialis
Razzo	Eruca
Supernova	Supernova
Telescopio	Telescopium
Terra	Terra
Universo	Universi

Attività
Operationes

Abilità	Arte
Arte	Es
Artigianato	Artes
Attività	Actio
Caccia	Venatione
Campeggio	Castra
Cucire	Sutura
Fotografia	Consequat
Giardinaggio	Gardening
Giochi	Ludos
Interessi	Commodis
Lettura	Lectio
Magia	Magia
Maglieria	Knitting
Pesca	Piscandi
Piacere	Voluptatem
Pittura	Pictura
Tempo Libero	Otium

Attività Commerciale
Negotium

Bilancio	Budget
Carriera	Curriculo
Costo	Sumptus
Datore di Lavoro	Dico:
Dipendente	Molestie
Economia	Parcus
Fabbrica	Factory
Finanza	Finance
Investimento	Dignissim
Merce	Merces
Negozio	Tabernam
Profitto	Lucrum
Reddito	Reditus
Sconto	Discount
Società	Dolor
Soldi	Pecunia
Transazione	Adhibe
Ufficio	Officium
Valuta	Monetæ
Vendita	Sale

Attività e Tempo Libero
Operationes et Otium

Arte	Es
Baseball	Baseball
Basket	Ultrices
Boxe	Boxing
Calcio	Dignissim
Campeggio	Castra
Giardinaggio	Gardening
Golf	Golf
Hobby	Hobbies
Immersione	Consequat
Nuoto	Natantes
Pallavolo	Pulvinar
Pesca	Piscandi
Pittura	Pictura
Rilassante	Amet
Surf	Superficies
Tennis	Tristique
Viaggio	Travel

Avventura
Casus

Amici	Amicis
Attività	Actio
Bellezza	Pulchritudo
Caso	Forte
Coraggio	Virtute
Difficoltà	Difficultas
Entusiasmo	Studium
Escursione	Peregrinandum
Gioia	Gaudium
Insolito	Insolita
Itinerario	Itinerarium
Natura	Natura
Navigazione	Navigationem
Nuovo	Novum
Opportunità	Occasionem
Pericoloso	Periculosum
Preparazione	Praeparatio
Sicurezza	Salutem
Sorprendente	Mirum

Balletto
Talarium

Abilità	Arte
Artistico	Artis
Assolo	Solo
Ballerini	Saltatores
Compositore	Compositor
Coreografia	Choreography
Espressivo	Expressivum
Gesto	Gestu
Grazioso	Decorum
Intensità	Intensionem
Lezioni	Lectiones
Muscoli	Musculi
Musica	Musica
Orchestra	Orchestra
Pratica	Usu
Prova	Recensendum
Pubblico	Auditores
Ritmo	Numero
Stile	Style
Tecnica	Ars

Barbecue
Barbecues

Amici	Amicis
Bambini	Filii
Caldo	Calidum
Cena	Prandium
Cibo	Cibum
Cipolle	Cepe
Estate	Aestate
Fame	Fames
Famiglia	Familia
Frutta	Fructus
Giochi	Ludos
Griglia	Craticulam
Insalate	Potenti
Musica	Musica
Pepe	Piper
Pollo	Pullum
Pomodori	Tomatoes
Sale	Sal
Salsa	Condimentum
Verdure	Legumina

Bellezza
Pulchritudo

Colore	Color
Cosmetici	Stibio
Elegante	Elegans
Eleganza	Elegantia
Fascino	Leporem
Forbici	Axicia
Fotogenico	Amet
Fragranza	Odor
Grazia	Gratia
Liscio	Lenis
Mascara	Convallis
Pelle	Cutis
Riccioli	Cincinnis
Rossetto	Lipstick
Servizi	Officia
Shampoo	Shampoo
Specchio	Speculum
Stilista	Stylist

Biologia
Biology

Anatomia	Anatomia
Batteri	Bacteria
Cellula	Cell
Collagene	Collagen
Cromosoma	Chromosome
Embrione	Embryo
Enzima	Enzyme
Evoluzione	Praegressus
Mammifero	Mammal
Mutazione	Mutationis
Naturale	Naturalis
Nervo	Nervus
Neurone	Neuron
Ormone	Hormone
Osmosi	Osmosis
Proteina	Dapibus
Rettile	Reptile
Simbiosi	Symbiosis
Sinapsi	Synapse
Specie	Species

Boxe
Boxing

Abilità	Arte
Angolo	Angulo
Arbitro	Referendarius
Avversario	Adversarius
Calcio	Calcitrare
Campana	Bell
Combattente	Pugnator
Corde	Funes
Corpo	Corpus
Esaurito	Lassus
Forza	Fortitudo
Fuoco	Focus
Gomito	Cubitus
Guanti	Caestus
Mento	Mentum
Pugno	Pugno
Punti	Puncta
Rapido	Velox
Recupero	Recuperatio

Campeggio
Castra

Alberi	Arbores
Amaca	Hammock
Animali	Animalia
Attrezzatura	Apparatu
Avventura	Casus
Bussola	Decima
Cabina	Cameram
Caccia	Venatione
Canoa	Linter
Cappello	Hat
Corda	Funem
Foresta	Silva
Fuoco	Ignis
Insetto	Insect
Lago	Lacus
Luna	Luna
Mappa	Map
Montagna	Montem
Natura	Natura
Tenda	Tabernaculum

Casa
Domus

Attico	Attica
Bagno	Balneo
Biblioteca	Library
Camera	Locus
Camino	Foco
Chiavi	Claves
Cucina	Vestibulum
Doccia	Imber
Finestra	Fenestra
Garage	Garage
Giardino	Hortus
Lampada	Lucerna
Parete	Murum
Pavimento	Area
Porta	Ostium
Recinto	Sepem
Scopa	Genistae
Soffitto	Laquearia
Specchio	Speculum
Tetto	Tectum

Chimica
Chemia

Acido	Acidum
Alcalino	Alkaline
Atomico	Atomicus
Calore	Calor
Carbonio	Carbo
Catalizzatore	Catalyst
Cloro	Consequat
Elettrone	Electron
Enzima	Enzyme
Gas	Vestibulum
Idrogeno	Consectetuer
Ione	Ion
Liquido	Liquid
Molecola	Moleculo
Nucleare	Nuclear
Organico	Organic
Ossigeno	Dolor
Peso	Pondus
Sale	Sal
Temperatura	Tortor

Cibo #1
Cibum #1

Aglio	Allium
Avocado	Avocado
Basilico	Basilius
Carne	Cibum
Carota	Daucus
Cipolla	Cepa
Fragola	Fragum
Insalata	Sem
Latte	Lac
Limone	Lemon
Menta	Mint
Orzo	Hordeum
Pera	Pirum
Rapa	Rapa
Sale	Sal
Spinaci	Spinach
Succo	Sucus
Tonno	Tuna
Torta	Massae
Zucchero	Sugar

Cibo #2
Cibum #2

Asparago	Asparagus
Broccolo	Algentem
Carciofo	Cactus
Ciliegia	Cerasus
Cioccolato	Scelerisque
Formaggio	Caseus
Fungo	Fungorum
Grano	Triticum
Kiwi	Kiwi
Mela	Apple
Melanzana	Eggplant
Pane	Panem
Pesce	Pisces
Pollo	Pullum
Prosciutto	Ham
Riso	Rice
Sedano	Apium
Uovo	Ovum
Uva	Uva
Yogurt	Yogurt

Città
Oppidum

Aeroporto	Elit
Banca	Ripam
Biblioteca	Library
Clinica	Eget
Farmacia	Atqui
Fiorista	Florist
Galleria	Gallery
Hotel	Hotel
Libreria	Bookstore
Museo	Museum
Negozio	Store
Panetteria	Pistrinum
Ristorante	Amet
Scuola	Schola
Stadio	Stadium
Supermercato	Forum
Teatro	Theatrum
Università	University
Zoo	Exo

Corpo Umano
Corpus Humanum

Bocca	Ore
Caviglia	Tarso
Cervello	Cerebrum
Collo	Collum
Cuore	Cor
Dito	Digitus
Faccia	Faciem
Gamba	Crus
Ginocchio	Genu
Gomito	Cubitus
Mano	Manu
Mento	Mentum
Naso	Naribus
Occhio	Oculus
Orecchio	Auris
Pelle	Cutis
Sangue	Sanguinem
Spalla	Humerum
Stomaco	Stomachum
Testa	Caput

Creatività
Glossarium

Abilità	Arte
Artistico	Artis
Chiarezza	Claritas
Drammatico	Tragicus
Emozioni	Affectus
Espressione	Expressio
Fluidità	Fluiditatem
Immaginazione	Imaginatio
Immagine	Imago
Impressione	Impressionem
Intensità	Intensionem
Intuizione	Intuitum
Inventivo	Ingeniosus
Ispirazione	Inspiratio
Sensazione	Sensum
Spontaneo	Spontanea
Visioni	Visiones
Vitalità	Vitale

Danza
Chorus

Accademia	Academiae
Arte	Es
Classico	Classical
Compagno	Socium
Coreografia	Choreography
Corpo	Corpus
Cultura	Cultura
Culturale	Culturae
Emozione	Affectus
Espressivo	Expressivum
Gioioso	Laeta
Grazia	Gratia
Movimento	Motus
Musica	Musica
Postura	Staturam
Prova	Recensendum
Ritmo	Numero
Tradizionale	Traditum
Visivo	Visual

Diplomazia
Condicionibus

Ambasciata	Legationem
Ambasciatore	Legatus
Cittadini	Cives
Civico	Civilis
Comunità	Communitas
Conflitto	Certamen
Consigliere	Auctor
Cooperazione	Cooperatio
Diplomatico	Diplomaticae
Discussione	Disputationem
Etica	Ethicorum
Giustizia	Iustitia
Governo	Imperium
Integrità	Integritate
Politica	Politica
Risoluzione	Resolutio
Sicurezza	Securitatem
Soluzione	Solutio
Trattato	Tractatus
Umanitario	Humanitarian

Discipline Scientifiche
Scientifica Disciplinis

Anatomia	Anatomia
Archeologia	Antiquitatis
Astronomia	Astronomia
Biochimica	Biochemistry
Biologia	Biology
Botanica	Botanicam
Chimica	Chemia
Ecologia	Oecologia
Fisiologia	Physiology
Geologia	Nederlandicae
Immunologia	Immunology
Linguistica	Grammatica
Meccanica	Mechanica
Meteorologia	Meteorology
Mineralogia	Mineralogy
Neurologia	Neurology
Nutrizione	Nutritionem
Psicologia	Duis
Sociologia	Sociologiae
Zoologia	Zoologicam

Ecologia
Oecologia

Clima	Caeli
Comunità	Communitates
Diversità	Diversitas
Flora	Flora
Habitat	Habitat
Marino	Marine
Montagne	Montes
Natura	Natura
Naturale	Naturalis
Palude	Paludem
Piante	Plantis
Risorse	Opes
Siccità	Siccitate
Sopravvivenza	Salutem
Sostenibile	Nullam
Specie	Species
Varietà	Varietate
Vegetazione	Virentia
Volontari	Voluntariis

Edifici
Aedificia

Ambasciata	Legationem
Appartamento	Duis
Cabina	Cameram
Castello	Castrum
Fabbrica	Factory
Fattoria	Farm
Fienile	Horreum
Hotel	Hotel
Laboratorio	Nulla
Museo	Museum
Ospedale	Hospitalis
Osservatorio	Observatorium
Ostello	Hospicio
Scuola	Schola
Stadio	Stadium
Supermercato	Forum
Teatro	Theatrum
Tenda	Tabernaculum
Torre	Turris
Università	University

Energia
Vestibulum

Ambiente	Environment
Batteria	Pugna
Benzina	Gasoline
Calore	Calor
Carbonio	Carbo
Carburante	Esca
Diesel	Pellentesque
Elettrico	Ultrices
Elettrone	Electron
Entropia	Entropy
Fotone	Photon
Idrogeno	Consectetuer
Industria	Industria
Inquinamento	Pollutio
Motore	Motor
Nucleare	Nuclear
Rinnovabile	Renewable
Turbina	Turbine
Vapore	Vapor
Vento	Ventus

Erboristeria
Herbalism

Aglio	Allium
Aneto	Anethum
Aromatico	Aromaticum
Basilico	Basilius
Culinario	Culinary
Dragoncello	Tarragon
Finocchio	Faeniculi
Fiore	Flos
Giardino	Hortus
Ingrediente	Ingrediens
Lavanda	Casia
Maggiorana	Origani
Menta	Mint
Origano	Origanum
Prezzemolo	Petroselinum
Qualità	Qualitas
Rosmarino	Rosmarinus
Timo	Thymum
Verde	Viridis
Zafferano	Crocus

Escursionismo
Hiking

Acqua	Aqua
Animali	Animalia
Campeggio	Castra
Clima	Caeli
Guide	Duces
Mappa	Map
Meteo	Tempestas
Montagna	Montem
Natura	Natura
Orientamento	Orientation
Parchi	Parcis
Pesante	Gravis
Pietre	Lapides
Preparazione	Praeparatio
Selvaggio	Fera
Sole	Sol
Stanco	Lassus
Stivali	Tabernus
Vertice	Culmen

Etica
Ethicorum

Altruismo	Altruism
Compassione	Misericordia
Cooperazione	Cooperatio
Dignità	Dignitatem
Diplomatico	Diplomaticae
Filosofia	Philosophia
Gentilezza	Misericordiam
Individualismo	Quisque
Integrità	Integritate
Onestà	Honestatis
Ottimismo	Spe
Pazienza	Patientia
Ragionevole	Rationabile
Realismo	Realismus
Rispettoso	Reverentior
Saggezza	Sapientia
Tolleranza	Tolerantia
Umanità	Humanitatis
Valori	Bona

Famiglia
Familia

Antenato	Ancestor
Bambini	Filii
Bambino	Puer
Cugino	Cognata
Figlia	Filia
Fratello	Frater
Gemelli	Gemini
Infanzia	Pueritia
Madre	Mater
Marito	Vir
Materno	Materno
Moglie	Uxor
Nipote	Nepos
Nonna	Avia
Nonno	Avus
Padre	Pater
Paterno	Paterni
Sorella	Soror
Zia	Matertera
Zio	Patruus

Fattoria #1
Farm #1

Acqua	Aqua
Agricoltura	Agricultura
Ape	Apis
Asino	Asinus
Campo	Agro
Cane	Canis
Capra	Hircum
Cavallo	Equus
Fertilizzante	Stercorat
Fieno	Hay
Gatto	Felis
Gregge	Gregem
Miele	Mel
Mucca	Bos
Pollo	Pullum
Recinto	Sepem
Riso	Rice
Semi	Semina
Terra	Terra
Vitello	Vitulum

Fattoria #2
Farm #2

Agnello	Agnus
Agricoltore	Agricola
Anatra	Anatis
Animali	Animalia
Cibo	Cibum
Fienile	Horreum
Frutta	Fructus
Frutteto	Orchard
Grano	Triticum
Irrigazione	Irrigationes
Lama	Llama
Latte	Lac
Mais	Frumentum
Maturo	Matura
Mulino a Vento	Windmill
Orzo	Hordeum
Pecora	Oves
Prato	Prati
Trattore	Tractor
Verdura	Vegetabilis

Filantropia
Benignitas

Bambini	Filii
Bisogno	Opus
Comunità	Communitas
Contatti	Contactus
Donare	Datum
Finanza	Finance
Fondi	Pecunia
Generosità	Liberalitate
Gioventù	Iuvenis
Gruppi	Coetus
Missione	Missio
Obiettivi	Metas
Onestà	Honestatis
Persone	Populus
Programmi	Progressio
Pubblico	Publica
Storia	Historia
Umanità	Humanitatis

Fiori
Flores

Dente di Leone	Taraxacum
Gardenia	Gardenia
Gelsomino	Aenean
Giglio	Lilium
Girasole	Helianthus
Ibisco	Hibisco
Lavanda	Casia
Magnolia	Magnolia
Margherita	Daisy
Mazzo	Flos
Narciso	Narcissus
Orchidea	Orchid
Papavero	Papaver
Passiflora	Passionflower
Peonia	Aglaophotis
Petalo	Petalorum
Plumeria	Plumeria
Rosa	Rosa
Trifoglio	Trifolium
Tulipano	Tulipa

Fisica
Physica

Accelerazione	Acceleratio
Atomo	Atom
Caos	Chaos
Chimico	Eget
Densità	Densitas
Elettrone	Electron
Espansione	Dilatatio
Formula	Formula
Frequenza	Frequency
Gas	Vestibulum
Gravità	Gravitatis
Magnetismo	Magnetismi
Meccanica	Mechanica
Molecola	Moleculo
Motore	Engine
Nucleare	Nuclear
Particella	Particula
Relatività	Comparatione
Universale	Universalis
Velocità	Velocitas

Foresta Pluviale
Rainforest

Anfibi	Amphibia
Botanico	Botanica
Clima	Caeli
Comunità	Communitas
Diversità	Diversitas
Giungla	Truncatis
Insetti	Insecta
Mammiferi	Nullam
Muschio	Muscus
Natura	Natura
Nuvole	Nubes
Prezioso	Pretiosum
Restauro	Restitutionem
Rifugio	Refugium
Rispetto	Quantum
Sopravvivenza	Salutem
Specie	Species
Uccelli	Aves

Forme
Figuris

Angolo	Angulo
Arco	Arc
Bordi	Oras
Cerchio	Circulus
Cilindro	Cylindro
Cono	Coni
Cubo	Cubus
Curva	Curva
Ellisse	Ellipsi
Lato	Parte
Linea	Linea
Ovale	Oval
Piramide	Pyramidis
Poligono	Polygonum
Prisma	Prisma
Quadrato	Quadratum
Rettangolo	Rectangulum
Rotondo	Circum
Sfera	Sphaera
Triangolo	Triangulum

Forniture Artistiche
Artis Commeatibus

Acqua	Aqua
Acquerelli	Watercolors
Acrilico	Donec
Argilla	Lutum
Carbone	Carbones
Carta	Charta
Cavalletto	Otium
Colla	Gluten
Colori	Colores
Creatività	Glossarium
Gomma	Deleo
Inchiostro	Atramentum
Matite	Penicilli
Olio	Oleum
Sedia	Cathedra
Spazzole	Perterget
Tavolo	Mensam
Telecamera	Camera

Forza e Gravità
Vim et Gravitatem

Asse	Axis
Centro	Centrum
Dinamico	Suscipit
Distanza	Procul
Espansione	Dilatatio
Fisica	Physica
Impatto	Ictum
Magnetismo	Magnetismi
Meccanica	Mechanica
Movimento	Motus
Orbita	Orbita
Peso	Pondus
Pianeti	Planetarum
Pressione	Curabitur
Proprietà	Proprietates
Scoperta	Inventio
Tempo	Tempus
Universale	Universalis
Velocità	Celeritate

Frutta
Fructus

Ananas	Pineapple
Arancia	Rhoncus
Avocado	Avocado
Bacca	Berry
Cachi	Persimmon
Ciliegia	Cerasus
Fico	Ficus
Kiwi	Kiwi
Lampone	Rubus Idaeus
Limone	Lemon
Mango	Mango
Mela	Apple
Melone	Cucumis
Mora	Etiam
Nettarina	Nectarine
Papaia	Papaya
Pera	Pirum
Pesca	Persicum
Prugna	Pruno
Uva	Uva

Geografia
Geographia

Altitudine	Altitudo
Atlante	Atlas
Città	Urbem
Continente	Continens
Emisfero	Hemisphaerio
Fiume	Flumen
Isola	Insula
Latitudine	Latitudo
Longitudine	Longitudinis
Mappa	Map
Mare	Mare
Meridiano	Meridianus
Mondo	Mundi
Montagna	Montem
Nord	North
Ovest	West
Paese	Patria
Regione	Regione
Sud	Meridiem
Territorio	Territorio

Geologia
Nederlandicae

Acido	Acidum
Altopiano	Plateau
Calcio	Calcium
Caverna	Specus
Continente	Continens
Corallo	Coral
Cristalli	Crystals
Erosione	Exesa
Fossile	Fossile
Geyser	Geyser
Lava	Lava
Minerali	Mineralibus
Pietra	Stone
Quarzo	Quartz
Sale	Sal
Stalagmiti	Stalagmites
Stalattite	Stalactite
Strato	Accumsan
Terremoto	Terraemotus
Vulcano	Volcano

Geometria
Geometria

Altezza	Altitudo
Angolo	Angulus
Calcolo	Calculus
Cerchio	Circulus
Curva	Curva
Diametro	Diam
Dimensione	Ratio
Equazione	Aequatio
Logica	Logica
Mediano	Medianus
Numero	Numerus
Orizzontale	Vestibulum
Parallelo	Parallela
Proporzione	Proportio
Segmento	Segmentum
Simmetria	Praeditis
Superficie	Superficiem
Teoria	Theoria
Triangolo	Triangulum
Verticale	Verticalis

Giardinaggio
Gardening

Acqua	Aqua
Botanico	Botanica
Clima	Caeli
Commestibile	Edulis
Compost	Stercus
Contenitore	Continens
Esotico	Exotic
Fiorire	Florebit
Floreale	Floralibus
Foglia	Folium
Fogliame	Fronde
Frutteto	Orchard
Mazzo	Flos
Semi	Semina
Specie	Species
Sporco	Luto
Stagionale	Adipiscing
Suolo	Solo
Tubo	Hose
Umidità	Umor

Giardino
Hortus

Albero	Arbor
Amaca	Hammock
Cespuglio	Bush
Erba	Herba
Erbacce	Zizania
Fiore	Flos
Frutteto	Orchard
Garage	Garage
Giardino	Hortus
Pala	Rutrum
Panca	Banco
Rastrello	Sarculum
Recinto	Sepem
Rocce	Saxa
Stagno	Eget
Suolo	Solo
Terrazza	Xystum
Trampolino	Trampoline
Tubo	Hose
Vite	Vitis

Giorni e Mesi
Diebus et Mensibus

Agosto	August
Anno	Anno
Aprile	Aprilis
Calendario	Calendar
Dicembre	December
Domenica	Dominica
Febbraio	February
Gennaio	January
Giugno	June
Luglio	July
Lunedì	Monday
Martedì	Martis
Mercoledì	Wednesday
Mese	Mense
Novembre	November
Ottobre	Aliquam
Sabato	Saturday
Settembre	September
Settimana	Septimana
Venerdì	Veneris

Governo
Imperium

Capo	Dux
Cittadinanza	Ciuitatem
Civile	Civilis
Costituzione	Constitutio
Democrazia	Democratia
Diritti	Iura
Discorso	Oratio
Discussione	Disputationem
Giudiziario	Iudicialis
Giustizia	Iustitia
Legale	Iure
Legge	Lex
Libertà	Libertatem
Monumento	Monumentum
Nazione	Gens
Politica	Politica
Quartiere	Nullam
Simbolo	Signum
Stato	Status
Uguaglianza	Aequalitas

Guida
Pulsis

Attenzione	Caute
Auto	Car
Carburante	Esca
Freni	Dumeta
Garage	Garage
Gas	Vestibulum
Incidente	Accidens
Licenza	Licentia
Mappa	Map
Moto	Motorcycle
Motore	Motor
Pedonale	Pedestrem
Pericolo	Periculum
Polizia	At
Sicurezza	Salutem
Strada	Via
Traffico	Aenean
Trasporto	Nulla
Tunnel	Cuniculum
Velocità	Celeritate

I Media
Media

Atteggiamenti	Habitus
Comunicazione	Communicatio
Digitale	Digital
Edizione	Edition
Educazione	Education
Finanziamento	Sumptu
Foto	Imagines
Giornali	Ephemerides
Individuale	Singulis
Industria	Industria
Locale	Loci
Online	Online
Opinione	Sententia
Pubblicità	Tabulae
Pubblico	Publica
Radio	Radio
Rete	Network
Riviste	Divulgationis

Imbarcazioni
Navibus

Ancora	Anchor
Barca a Vela	Navis
Boa	Sustineo
Canoa	Linter
Corda	Funem
Dock	Gregem
Equipaggio	Cantavit
Fiume	Flumen
Kayak	Kayak
Lago	Lacus
Mare	Mare
Marea	Aestus
Marinaio	Nauta
Motore	Engine
Nautico	Nauticis
Oceano	Oceanum
Onde	Fluctus
Traghetto	Porttitor
Yacht	Yacht
Zattera	Ratis

Ingegneria
Lorem Ipsum

Angolo	Angulus
Asse	Axis
Calcolo	Calculus
Costruzione	Constructione
Diagramma	Diagram
Diametro	Diam
Diesel	Pellentesque
Distribuzione	Distributio
Energia	Vestibulum
Forza	Fortitudo
Ingranaggi	Anni
Leve	Vectium
Liquido	Liquid
Macchina	Apparatus
Misurazione	Aliquam
Motore	Motor
Profondità	Profundum
Propulsione	Propellentem
Stabilità	Stabilitatem
Struttura	Structura

Insetti
Insecta

Afide	Aphid
Ape	Apis
Cavalletta	Grillus
Cicala	Cicada
Coccinella	Ladybug
Coleottero	Beetle
Falena	Tinea
Farfalla	Papilio
Formica	Ant
Larva	Uterus
Libellula	Dragonfly
Locusta	Locusta
Mantide	Mantis
Scarafaggio	Blattam
Termite	Termite
Verme	Vermis
Vespa	Wasp
Zanzara	Culex

Jazz
Jazz

Album	Album
Artista	Artifex
Batteria	Tympana
Canzone	Canticum
Compositore	Compositor
Composizione	Compositio
Concerto	Concert
Famoso	Nobilis
Genere	Genus
Improvvisazione	Improvisation
Musica	Musica
Musicisti	Musicorum
Nuovo	Novum
Orchestra	Orchestra
Preferiti	Favorites
Ritmo	Numero
Stile	Style
Talento	Talentum
Tecnica	Ars
Vecchio	Vetus

Letteratura
Litteris

Analisi	Analysis
Analogia	Similitudo
Aneddoto	Fabella
Autore	Auctor
Biografia	Vita
Conclusione	Conclusio
Confronto	Comparatione
Descrizione	Description
Dialogo	Dialogus
Genere	Genus
Metafora	Metaphora
Opinione	Sententia
Poesia	Carmen
Poetico	Poetica
Rima	Concordare
Ritmo	Numero
Romanzo	Nove
Stile	Style
Tema	Argumentum
Tragedia	Tragoedia

Libri
Books

Autore	Auctor
Avventura	Casus
Carattere	Moribus
Collezione	Collectio
Contesto	Context
Dualità	Dualitatem
Inventivo	Ingeniosus
Letterario	Litterarum
Lettore	Lector
Pagina	Page
Parole	Verba
Poesia	Carmina
Rilevante	Pertinet
Romanzo	Nove
Scritto	Scriptum
Serie	Series
Storia	Fabula
Storico	Historica
Tragico	Tragici
Umoristico	Hujusmodi

Malattia
Morbi

Acuto	Acutis
Addominale	Abdominis
Allergie	Allergies
Batterico	Bacterial
Contagioso	Contagiosis
Corpo	Corpus
Cronico	Inveterata
Cuore	Cor
Debole	Infirma
Ereditario	Hereditaria
Genetico	Triticum
Immunità	Immunitatem
Infiammazione	Inflammatio
Lombare	Lumborum
Neuropatia	Neuropathia
Patogeni	Pathogens
Respiratorio	Respiratorii
Salute	Salutem
Sindrome	Syndrome
Terapia	Justo

Mammiferi
Nullam

Balena	Balena
Cane	Canis
Canguro	Macropus
Cavallo	Equus
Cervo	Cervus
Coniglio	Lepus
Coyote	Coyote
Delfino	Delphini
Elefante	Elephantis
Gatto	Felis
Giraffa	Panthera
Gorilla	Orci
Leone	Leo
Lupo	Lupus
Orso	Ursus
Pecora	Oves
Scimmia	Simia
Toro	Taurus
Volpe	Vulpes
Zebra	Zebra

Matematica
Math

Angoli	Anguli
Aritmetica	Arithmetica
Decimale	Decimales
Diametro	Diam
Divisione	Divisio
Equazione	Aequatio
Esponente	Exponent
Frazione	Fractio
Geometria	Geometria
Numeri	Numeri
Parallelo	Parallela
Perimetro	Perimeter
Poligono	Polygonum
Quadrato	Quadratum
Raggio	Radius
Rettangolo	Rectangulum
Sfera	Sphaera
Simmetria	Praeditis
Somma	Summa
Triangolo	Triangulum

Meditazione
Meditatio

Accettazione	Acceptio
Attenzione	Operam
Calma	Tranquillitas
Chiarezza	Claritas
Compassione	Misericordia
Emozioni	Affectus
Gentilezza	Misericordiam
Gratitudine	Gratia
Mentale	Mentis
Mente	Mens
Movimento	Motus
Musica	Musica
Natura	Natura
Osservazione	Observatione
Pace	Pacem
Pensieri	Cogitationes
Postura	Staturam
Prospettiva	Prospectum
Respirazione	Spirans
Silenzio	Silentium

Meteo
Tempestas

Arcobaleno	Mauris
Asciutto	Siccum
Atmosfera	Aeris
Brezza	Aura
Cielo	Caelum
Clima	Caeli
Fulmine	Fulgur
Ghiaccio	Ice
Monsone	Etesia
Nebbia	Caligo
Nube	Nubes
Polare	Polar
Siccità	Siccitate
Temperatura	Tortor
Tempesta	Tempestas
Tornado	Turbo
Tropicale	Tropical
Tuono	Tonitrua
Uragano	Procellae
Vento	Ventus

Misurazioni
Mensurae

Altezza	Altitudo
Byte	Byte
Centimetro	Centimeter
Chilogrammo	Kilogram
Chilometro	Kilometer
Decimale	Decimales
Grado	Gradus
Grammo	Gram
Larghezza	Latitudo
Litro	Liter
Lunghezza	Longitudo
Massa	Massa
Metro	Metri
Minuto	Minutis
Oncia	Unciam
Peso	Pondus
Pinta	Sextarium
Pollice	Inch
Profondità	Profundum
Tonnellata	Ton

Mitologia
Fabularis

Archetipo	Archetypum
Comportamento	Moribus
Creatura	Creatura
Credenze	Opiniones
Cultura	Cultura
Disastro	Cladis
Eroe	Heros
Forza	Fortitudo
Fulmine	Fulgur
Gelosia	Zelus
Guerriero	Bellator
Labirinto	Labyrinthus
Leggenda	Legend
Magico	Magicalis
Mortale	Mortale
Mostro	Monstrum
Paradiso	Caelum
Trionfante	Triumphantes
Tuono	Tonitrua
Vendetta	Vindictam

Musica
Musica

Album	Album
Armonia	Concordia
Armonico	Harmonia
Ballata	Naenia
Cantante	Cantor
Classico	Classical
Coro	Chorus
Improvvisare	Vestibulum
Lirico	Lyrical
Melodia	Cantate
Microfono	Ligula
Musicale	Musicum
Musicista	Musicus
Opera	Opera
Poetico	Poetica
Registrazione	Recording
Ritmico	Numerosa
Ritmo	Numero
Strumento	Instrumentum
Vocale	Vocalis

Natura
Natura

Animali	Animalia
Api	Apes
Artico	Arctic
Bellezza	Pulchritudo
Deserto	Deserto
Dinamico	Suscipit
Erosione	Exesa
Fiume	Flumen
Fogliame	Fronde
Foresta	Silva
Ghiacciaio	Glacier
Montagne	Montes
Nebbia	Caligo
Nuvole	Nubes
Santuario	Sanctuarium
Scogliere	Rupes
Selvaggio	Fera
Sereno	Serena
Tropicale	Tropical
Vitale	Vitalis

Numeri
Numeri

Cinque	Quinque
Decimale	Decimales
Diciannove	Undeviginti
Diciassette	Septemdecim
Diciotto	Decem et Octo
Dieci	Decem
Dodici	Duodecim
Due	Duo
Nove	Novem
Otto	Octo
Quattordici	Quattuordecim
Quattro	Quattuor
Quindici	Quindecim
Sedici	Sedecim
Sei	Sex
Sette	Septem
Tre	Tres
Tredici	Tredecim
Venti	Viginti
Zero	Nulla

Nutrizione
Nutritionem

Amaro	Amara
Appetito	Appetitus
Bilanciato	Libratum
Calorie	Adipiscing
Carboidrati	Carbohydrates
Commestibile	Edulis
Dieta	Diet
Digestione	Concoctionem
Fermentazione	Fermentum
Liquidi	Liquores
Nutriente	Cibus
Peso	Pondus
Proteine	Servo
Qualità	Qualitas
Salsa	Condimentum
Salute	Salutem
Sano	Sanus
Spezie	Aromata
Tossina	Toxin
Vitamina	Vitaminum

Oceano
Oceanum

Anguilla	Anguilla
Balena	Balena
Barca	Navi
Corallo	Coral
Delfino	Delphini
Gamberetto	Squilla
Granchio	Cancer
Maree	Aestus
Medusa	Jellyfish
Onde	Fluctus
Ostrica	Ostrea
Pesce	Pisces
Polpo	Polypus
Sale	Sal
Scogliera	Reef
Spugna	Spongia
Squalo	Shark
Tartaruga	Turtur
Tempesta	Tempestas
Tonno	Tuna

Paesaggi
Donec

Cascata	Cataracta
Collina	Hill
Deserto	Deserto
Fiume	Flumen
Geyser	Geyser
Ghiacciaio	Glacier
Grotta	Cave
Iceberg	Iceberg
Isola	Insula
Lago	Lacus
Mare	Mare
Montagna	Montem
Oasi	Oasis
Oceano	Oceanum
Palude	Palus
Penisola	Peninsula
Spiaggia	Beach
Tundra	Tundra
Valle	Convallis
Vulcano	Volcano

Paesi #1
Regionibus #1

Brasile	Brazil
Cambogia	Cambodia
Canada	Canada
Egitto	Aegypto
Finlandia	Finland
Germania	Germania
India	India
Iraq	Iraq
Israele	Israhel
Libia	Libya
Mali	Mali
Marocco	Mauritania
Norvegia	Norway
Panama	Panama
Polonia	Polonia
Romania	Romania
Senegal	Senegalia
Spagna	Hispania
Venezuela	Venetiola
Vietnam	Vietnam

Paesi #2
Regionibus #2

Albania	Albania
Danimarca	Daniae
Etiopia	Aethiopia
Giamaica	Jamaica
Giappone	Japan
Grecia	Graecia
Haiti	Haitia
Indonesia	Indonesia
Irlanda	Hibernia
Laos	Laos
Liberia	Liberia
Messico	Mexico
Nepal	Nepal
Nigeria	Nigeria
Russia	Russia
Siria	Syria
Somalia	Somalia
Sudan	Sudania
Ucraina	Ucraina
Uganda	Uganda

Pesca
Piscandi

Acqua	Aqua
Attrezzatura	Apparatu
Barca	Navi
Branchie	Branchias
Cesto	Canistrum
Cucinare	Coques
Esagerazione	Augendo
Esca	Esca
Filo	Filum
Fiume	Flumen
Gancio	Hamo
Lago	Lacus
Mascella	Maxilla
Oceano	Oceanum
Pazienza	Patientia
Peso	Pondus
Spiaggia	Beach
Stagione	Temporum

Piante
Plantis

Albero	Arbor
Bacca	Berry
Bambù	Bamboo
Botanica	Botanicam
Cactus	Cactus
Cespuglio	Bush
Crescere	Crescere
Edera	Hedera
Erba	Herba
Fagiolo	Bean
Fertilizzante	Stercorat
Fiore	Flos
Flora	Flora
Fogliame	Fronde
Foresta	Silva
Giardino	Hortus
Muschio	Muscus
Petalo	Petalorum
Radice	Radix
Vegetazione	Virentia

Professioni #1
Professionibus #1

Allenatore	Raeda
Ambasciatore	Legatus
Artista	Artifex
Astronomo	Astrologus
Avvocato	Attornatum
Ballerino	Saltator
Banchiere	Remi
Cacciatore	Venator
Cartografo	Cartographer
Editore	Editor
Farmacista	Pharmacist
Geologo	Geologist
Gioielliere	Jeweler
Idraulico	Plumbarius
Infermiera	Nutrix
Musicista	Musicus
Pianista	The
Psicologo	Psychologist
Scienziato	Scientist
Veterinario	Veterinarius

Professioni #2
Professionibus #2

Agricoltore	Agricola
Astronauta	Astronaut
Biologo	Biologist
Dentista	Dentist
Detective	Inquisitor
Filosofo	Philosophus
Fotografo	Pretium
Giardiniere	Hortulanus
Giornalista	Wisi
Illustratore	Illustrrator
Ingegnere	Engineer
Insegnante	Magister
Inventore	Inventor
Investigatore	Investigator
Linguista	Linguist
Medico	Medicus
Pilota	Gubernator
Pittore	Pictor
Ricercatore	Inquisitorem
Zoologo	Zoologist

Psicologia
Duis

Appuntamento	Appointment
Clinico	Fusce
Cognizione	Cognitio
Comportamento	Moribus
Conflitto	Certamen
Ego	Ego
Emozioni	Affectus
Esperienze	Experitur
Inconscio	Conscientiam
Infanzia	Pueritia
Pensieri	Cogitationes
Percezione	Perceptio
Problema	Quaestio
Realtà	Re
Ricordi	Memoria
Sensazione	Sensum
Sogni	Somnia
Subconscio	Subconscious
Terapia	Justo
Valutazione	Taxationem

Riscaldamento Globale
Global Calefacientem

Ambientale	Aliquam
Artico	Arctic
Attenzione	Operam
Clima	Caeli
Conseguenze	Consequatur
Crisi	Discrimen
Dati	Data
Energia	Vestibulum
Futuro	Futurum
Generazioni	Generationes
Governo	Imperium
Habitat	Loca
Industria	Industria
Internazionale	International
Legislazione	Leges
Ora	Nunc
Popolazioni	Populi
Scienziato	Scientist
Sviluppo	Consequat
Temperature	Temperaturis

Salute e Benessere #1
Salutem et Sanitatem #1

Abitudine	Habitus
Altezza	Altitudo
Attivo	Activa
Batteri	Bacteria
Clinica	Eget
Fame	Fames
Farmacia	Atqui
Frattura	Fractura
Medicina	Medicina
Medico	Medicus
Muscoli	Musculi
Nervi	Nervis
Ormoni	Hormones
Pelle	Cutis
Postura	Staturam
Riflesso	Reflexum
Rilassamento	Consequat
Terapia	Justo
Trattamento	Curatio
Virus	Virus

Salute e Benessere #2
Salutem et Sanitatem #2

Allergia	Urna
Anatomia	Anatomia
Appetito	Appetitus
Caloria	Calorie
Corpo	Corpus
Dieta	Diet
Digestione	Concoctionem
Energia	Vestibulum
Genetica	Genetics
Igiene	Hygiene
Infezione	Infectio
Malattia	Morbi
Massaggio	Suspendisse
Nutrizione	Nutritionem
Ospedale	Hospitalis
Peso	Pondus
Recupero	Recuperatio
Sangue	Sanguinem
Sano	Sanus
Vitamina	Vitaminum

Scacchi
Latrunculorum

Avversario	Adversarius
Bianco	Albus
Campione	Fortissimus
Concorso	Certamen
Diagonale	Diameter
Giocatore	Ludio Ludius
Gioco	Ludum
Nero	Nigrum
Passivo	Passiva
Per Imparare	Discere
Punti	Puncta
Re	Rex
Regina	Regina
Regole	Praecepta
Sacrificio	Sacrificium
Strategia	Consilio
Tempo	Tempus
Torneo	Torneamentum

Scienza
Scientia

Atomo	Atom
Chimico	Eget
Clima	Caeli
Dati	Data
Esperimento	Experimentum
Evoluzione	Praegressus
Fatto	Eo
Fisica	Physica
Fossile	Fossile
Gravità	Gravitatis
Ipotesi	Rum
Laboratorio	Nulla
Metodo	Modus
Minerali	Mineralibus
Molecole	Moleculis
Natura	Natura
Osservazione	Observatione
Particelle	Particulis
Piante	Plantis
Scienziato	Scientist

Spezie
Aromata

Acido	Acidum
Aglio	Allium
Amaro	Amara
Anice	Anethum
Cardamomo	Amomum
Cipolla	Cepa
Coriandolo	Coriandri
Curry	Curry
Dolce	Dulcis
Finocchio	Faeniculi
Gusto	Saporem
Liquirizia	Liquiritiae
Noce Moscata	Nutmeg
Paprika	Paprika
Pepe	Piper
Peperoncino	Purus
Sale	Sal
Vaniglia	Vanilla
Zafferano	Crocus
Zenzero	Gingiber

Sport
Sport

Allenatore	Raeda
Atleta	Athleta
Capacità	Facultatem
Ciclismo	Cycling
Corpo	Corpus
Danza	Chorum
Dieta	Diet
Forza	Fortitudo
Jogging	Jogging
Massimizzare	Maximize
Metabolico	Metabolicae
Muscoli	Musculi
Nutrizione	Nutritionem
Obiettivo	Finis
Ossa	Ossa
Programma	Elit
Resistenza	Patientia
Salute	Salutem
Sportivo	Ludis
Stretching	Extendens

Strumenti Musicali
Organis

Armonica	Harmonica
Banjo	Banjo
Carillon	Pleni
Chitarra	Cithara
Clarinetto	Tibiae
Fagotto	Bassoon
Flauto	Tibia
Gong	Gong
Mandolino	Mandolin
Oboe	Sonata
Percussione	Percussus
Pianoforte	Piano
Sassofono	Saxophone
Tamburello	Tympanum
Tromba	Tuba
Trombone	Trombone
Violino	Vitae
Violoncello	Cello

Tempo
Tempus

Anno	Anno
Annuale	Annua
Calendario	Calendar
Decennio	Decennium
Dopo	Post
Futuro	Futurum
Giorno	Die
Ieri	Heri
Mattina	Mane
Mese	Mense
Mezzogiorno	Meridies
Minuto	Minutis
Notte	Nocte
Oggi	Hodie
Ora	Hora
Orologio	Horologium
Presto	Mox
Prima	Ante
Secolo	Century
Settimana	Septimana

Tipi di Capelli
Genera Capillos

Argento	Argentum
Asciutto	Siccum
Bianco	Albus
Biondo	Flavis
Breve	Denique
Calvo	Calvus
Colorato	Coloratum
Grigio	Gray
Intrecciato	Tortis
Liscio	Lenis
Lucido	Crus
Lungo	Diu
Marrone	Brown
Morbido	Mollis
Nero	Nigrum
Riccio	Crispus
Riccioli	Cincinnis
Sano	Sanus
Sottile	Tenuis
Spessore	Crassus

Uccelli
Aves

Airone	Heron
Anatra	Anatis
Aquila	Aquila
Cicogna	Ciconia
Cigno	Swan
Colomba	Columba
Cuculo	Cuckoo
Falco	Accipiter
Fenicottero	Flamingo
Gabbiano	Gull
Oca	Anserem
Pappagallo	Psittacus
Passero	Passer
Pavone	Pavo
Pellicano	Pelican
Piccione	Columbam
Pollo	Pullum
Struzzo	Struthionem
Tucano	Toucan
Uovo	Ovum

Universo
Universi

Asteroide	Asteroidem
Astronomia	Astronomia
Astronomo	Astrologus
Atmosfera	Aeris
Buio	Tenebrae
Celeste	Caelestis
Cielo	Caelum
Cosmico	Cosmicam
Emisfero	Hemisphaerio
Galassia	Galaxia
Latitudine	Latitudo
Longitudine	Longitudinis
Luna	Luna
Orbita	Orbita
Orizzonte	Horizon
Solare	Solaris
Solstizio	Aequinoctium
Telescopio	Telescopium
Visibile	Apparet
Zodiaco	Zodiac

Vacanze #2
Vacation #2

Aeroporto	Elit
Campeggio	Castra
Foto	Imagines
Hotel	Hotel
Isola	Insula
Mappa	Map
Mare	Mare
Montagne	Montes
Passaporto	Singraphus
Ristorante	Amet
Spiaggia	Beach
Straniero	Aliena
Taxi	Taxi
Tempo Libero	Otium
Tenda	Tabernaculum
Trasporto	Nulla
Treno	Comitatu
Vacanza	Ferias
Viaggio	Iter
Visto	Visa

Veicoli
Vehicula

Aereo	Vivamus
Ambulanza	Ambulance
Auto	Car
Barca	Navi
Camion	Dolor
Caravan	Comitatum
Elicottero	Helicopter
Metropolitana	Subway
Motore	Motor
Pneumatici	Tires
Razzo	Eruca
Scooter	Scooter
Sottomarino	Submarine
Taxi	Taxi
Traghetto	Porttitor
Trattore	Tractor
Treno	Comitatu
Zattera	Ratis

Verdure
Legumina

Aglio	Allium
Broccolo	Algentem
Carciofo	Cactus
Carota	Daucus
Cavolfiore	Brassica
Cetriolo	Cucumis
Cipolla	Cepa
Fungo	Fungorum
Insalata	Sem
Melanzana	Eggplant
Oliva	Olivae
Pisello	Pisum
Prezzemolo	Petroselinum
Rapa	Rapa
Ravanello	Radicula
Scalogno	Shallot
Sedano	Apium
Spinaci	Spinach
Zenzero	Gingiber
Zucca	Cucurbita

Vestiti
Vestimenta

Abito	Habitu
Braccialetto	Armillam
Calzini	Tibialia
Camicetta	Blouse
Camicia	Shirt
Cappello	Hat
Cappotto	Coat
Cintura	Cingulum
Collana	Monile
Giacca	Jacket
Gonna	Lacinia
Guanti	Caestus
Maglione	Sweater
Moda	More
Pantaloni	Braccae
Pantofole	Soleas
Pigiama	Pajamas
Sandali	Sandalia
Scarpa	Nulla Nec
Sciarpa	Chlamydem

Congratulazioni

Ce l'hai fatta!

Speriamo che questo libro vi sia piaciuto tanto quanto a noi è piaciuto concepirlo. Ci sforziamo di creare libri della più alta qualità possibile.
Questa edizione è progettata per fornire un apprendimento intelligente, di qualità e divertente!

Le è piaciuto questo libro?

Una Semplice Richiesta

Questi libri esistono grazie alle recensioni che pubblicate.

Puoi aiutarci lasciando una recensione
ora a questo link ?

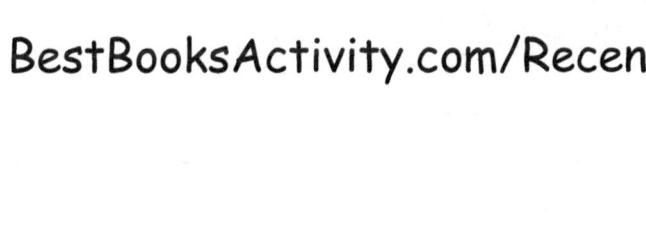

BestBooksActivity.com/Recensioni50

SFIDA FINALE!

Sfida n°1

Sei pronto per il tuo gioco gratuito? Li usiamo sempre, ma non sono così facili da trovare - ecco i **Sinonimi!**

Scrivi 5 parole che hai trovato nei puzzle (n° 21, n° 36, n° 76) e prova a trovare 2 sinonimi per ogni parola.

Scrivi 5 parole del **Puzzle 21**

Parole	Sinonimo 1	Sinonimo 2

Scrivi 5 parole del **Puzzle 36**

Parole	Sinonimo 1	Sinonimo 2

Scrivi 5 parole del **Puzzle 76**

Parole	Sinonimo 1	Sinonimo 2

Sfida n°2

Ora che ti sei riscaldato, scrivi 5 parole che hai trovato nei puzzle n° 9, n° 17 e n° 25 e cerca di trovare 2 contrari per ogni parola. Quanti ne puoi trovare in 20 minuti?

Scrivi 5 parole del **Puzzle 9**

Parole	Antonimo 1	Antonimo 2

Scrivi 5 parole del **Puzzle 17**

Parole	Antonimo 1	Antonimo 2

Scrivi 5 parole del **Puzzle 25**

Parole	Antonimo 1	Antonimo 2

Sfida n°3

Grande! Questa sfida non è niente per te!

Pronto per la sfida finale? Scegli 10 parole che hai scoperto nei diversi puzzle e scrivile qui sotto.

1.	6.
2.	7.
3.	8.
4.	9.
5.	10.

Ora scrivi un testo pensando a una persona, un animale o un luogo che ti piace.

Puoi usare l'ultima pagina di questo libro come bozza.

La tua composizione:

TACCUINO:

A PRESTO!

Tutta la Squadra

BESTACTIVITYBOOKS.COM/FREEGAMES